गुरुदेव रवींद्रनाथ टैगोर

कुछ प्रमुख जीवनियाँ

ईश्वरचंद्र विद्यासागर
नेपोलियन बोनापार्ट
चंद्रशेखर आजाद
लाला हरदयाल
समाज सुधारक राजा राममोहन राय
आनंदमूर्ति
बेंजामिन फ्रैंकलिन की आत्मकथा
जगदीशचंद्र बसु
लोकमाता अहिल्याबाई
लोकमान्य बाल गंगाधर तिलक
लियोनार्दो द विंची
शिखर भारतीय महिलाएँ
मैडम भीखाजी कामा
प्रथम अंतरिक्ष यात्री यूरी गागरिन
लियो टॉलस्टॉय
आचार्य विनोबा भावे
स्वामी रामदेव
आर्यभट
अन्ना हजारे
नेल्सन मंडेला
महर्षि अरविंद घोष
कस्तूरबा गांधी
कर्नल जिम कॉर्बेट
मौलाना अबुल कलाम आज़ाद
होमी जहांगीर भाभा
नेताजी सुभाषचंद्र बोस
भगिनी निवेदिता
भारत कोकिला सरोजिनी नायडू
स्टीफन हॉकिंग
गोपाल कृष्ण गोखले
रवींद्रनाथ टैगोर
स्वामी दयानंद सरस्वती
बिपिनचंद्र पाल
निकोलस कॉपरनिकस
बिरसा मुंडा

गुरुदेव रवींद्रनाथ टैगोर

दिनकर कुमार

प्रभात प्रकाशन

प्रकाशक
प्रभात प्रकाशन प्रा. लि.
4/19 आसफ अली रोड, नई दिल्ली-110002
फोन : 23289777 • हेल्पलाइन नं. : 7827007777
इ-मेल : prabhatbooks@gmail.com ❖ वेब ठिकाना : www.prabhatbooks.com

संस्करण
2024

पेपरबैक मूल्य
दो सौ पचास रुपए

मुद्रक
नरुला प्रिंटर्स, दिल्ली

★

GURUDEV RABINDRANATH TAGORE
A biography by Dinkar Kumar

Published by **PRABHAT PRAKASHAN PVT. LTD.**
4/19 Asaf Ali Road, New Delhi-110002

ISBN 978-93-5048-411-1

₹ 250.00 (PB)

दो शब्द

रवींद्रनाथ टैगोर अनेक अर्थों में अद्वितीय थे। उनके मस्तिष्क की सृजनात्मक उर्वरा शक्ति अद्‌भुत थी। नौ वर्ष की अवस्था में उन्होंने कविता लिखना आरंभ कर दिया था, बारह-तेरह वर्ष की अवस्था में उन्होंने 'पृथ्वीराज-पराजय' नामक नाटक लिखा और शेक्सपीयर के नाटक 'मैकबेथ' का बाँगला में अनुवाद किया। उसके पश्चात् बाँगला साहित्य का कोई भी अंग उनसे अछूता नहीं रह। उन्होंने उसके प्रत्येक अंग को अपनी प्रतिभा से सुशोभित किया।

हालाँकि वे मुख्य रूप से एक कवि थे, बावजूद इसके उन्होंने ज्ञान के प्रत्येक क्षेत्र में लिखा और प्रत्येक विधा को अपनी प्रतिभा से समृद्ध बनाया। मिल्टन की तरह उन्हें भी यह विश्वास था कि कवि का क्षेत्र व्यापक ज्ञान का क्षेत्र है।

पे संगीतज्ञ एवं अभिनेता थे। वे दार्शनिक, धर्म व समाज-सुधारक, शिक्षा-विशेषज्ञ, राष्ट्रवादी एवं देशभक्त, मानवतावादी तथा 'वसुधैव कुटुंबकम्' सिद्धांत के प्रतिपालक थे।

उन्होंने विज्ञान पर एक ग्रंथ लिखा। जीवन के अंतिम काल में वे चित्रकारी भी करने लगे थे। प्रत्येक क्षेत्र में उन्होंने अद्‌भुत सफलता प्राप्त की। कहा जाता है कि उनके जैसा महान् गीतकार विश्व में कभी कोई नहीं हुआ। मुख्य रूप से वे प्रेम एवं सौंदर्य के कवि थे। उनकी दृष्टि में अंत और अनंत के बीच

सौंदर्य का आदान-प्रदान हुआ है। वे सौंदर्य को स्वर्ग एवं धरती के बीच वैवाहिक संबंध का प्रतीक मानते थे।

उनके द्वारा लिखे गए उन गीतों की ही संख्या लगभग दो हजार है, जिन्हें संगीत की छवि प्रदान की गई है और प्रत्येक गीत के लिए संगीत की रचना भी उन्होंने स्वयं की। उनसे पहले शूबर्ट को विश्व का सबसे बड़ा गीतकार समझा जाता था, परंतु शूबर्ट ने लगभग 600 गीत ही लिखे थे। रवींद्रनाथ की दो रचनाएँ दो देशों का राष्ट्रगान बनीं— भारत का राष्ट्रगान 'जन-गण-मन' और बँगलादेश का राष्ट्रगान 'आमार सोनार बाँगला'। उन्होंने संगीत एवं कविता में नई मात्राओं तथा नए रूपों को जन्म दिया।

रवींद्रनाथ ने नई साहित्यिक अभिव्यक्तियों का सृजन किया। उनकी रचनाएँ विश्व की अनेक भाषाओं में अनूदित हुईं 1913 में साहित्य का नोबेल पुरस्कार देकर पश्चिमी देशों ने भी उनकी प्रतिभा को अपनी स्वीकृति प्रदान की।

वे एक महान् उपदेशक, समर्पित मानवतावादी एवं न्याय के महान् अग्रदूत थे। वे 1925 में प्रथम भारतीय दार्शनिक कांग्रेस के अध्यक्ष चुने गए। इस प्रकार दार्शनिक विचार के रूप में उन्हें मान्यता प्रदान की गई।

उन्होंने यूरोप, अमेरिका तथा एशिया में दूर-दूर तक यात्राएँ कीं और वे संसार अंतरराष्ट्रीय कवि, साहित्यिक विभूति एवं मानव धर्म के उपदेशक के रूप में पूरी दुनिया में मशहूर हो गए।

उनकी अंतरराष्ट्रीयता का अर्थ यह नहीं कि वे राष्ट्रवादी तथा देशभक्त नहीं थे। जलियाँवाला बाग नरसंहार के बाद वे पहले व्यक्ति थे जिन्होंने अपनी 'सर' की उपाधि लौटा दी थी।

इस पुस्तक में विश्वकवि रवींद्रनाथ टैगोर के जीवन पर प्रकाश डाला गया है।

अनुक्रमणिका

विश्वकवि रवींद्रनाथ टैगोर

रवींद्रनाथ टैगोर बाँगला कवि, कहानीकार, गीतकार, संगीतकार, नाटककार, निबंधकार और चित्रकार थे। भारतीय संस्कृति के सर्वश्रेष्ठ रूप से पश्चिमी देशों का परिचय और पश्चिमी देशों की संस्कृति से भारत का परिचय कराने में टैगोर की बड़ी भूमिका रही। आम तौर पर उन्हें आधुनिक भारत का असाधारण सृजनशील कलाकार माना जाता है।

रवींद्रनाथ टैगोर का जन्म 7 मई, 1861 को कलकत्ता में देवेंद्रनाथ टैगोर और शारदा देवी के पुत्र के रूप में एक संपन्न बाँगला परिवार में हुआ था। बहुमुखी प्रतिभा के धनी टैगोर सहज ही कला के कई स्वरूपों जैसे—साहित्य, कविता, नृत्य और संगीत की ओर आकृष्ट हुए।

दुनिया के समकालीन सांस्कृतिक रुझान से वे भली-भाँति अवगत थे। साठ के दशक के उत्तरार्द्ध में टैगोर की चित्रकला यात्रा शुरू हुई। यह उनके कवि व्यक्तित्व का विस्तार था। हालाँकि उन्हें कला की कोई औपचारिक शिक्षा नहीं मिली थी। उन्होंने एक सशक्त एवं सहज दृश्य शब्दकोश का विकास कर लिया था। टैगोर की इस उपलब्धि के पीछे आधुनिक पाश्चात्य, पुरातन एवं पारंपरिक कला जैसे दृश्य कला के विभिन्न स्वरूपों की उनकी गहरी समझ थी।

शिक्षा

रवींद्रनाथ टैगोर की स्कूली शिक्षा प्रतिष्ठित सेंट जेवियर स्कूल में हुई। टैगोर ने बैरिस्टर बनने की चाहत में 1878 में इंग्लैंड के ब्रिजटोन पब्लिक स्कूल में नाम दर्ज कराया। उन्होंने लंदन कॉलेज विश्वविद्यालय में कानून का अध्ययन किया, लेकिन 1880 में बिना डिग्री हासिल किए ही वापस आ गए। रवींद्रनाथ टैगोर को बचपन से ही कविताएँ और कहानियाँ लिखने का शौक था। उनके पिता देवेंद्रनाथ टैगोर एक जाने-माने समाज-सुधारक थे। वे चाहते थे कि रवींद्र बड़े होकर बैरिस्टर बनें। उन्होंने रवींद्र को कानून की पढ़ाई के लिए लंदन भेजा, लेकिन रवींद्र का मन साहित्य में ही रमता था। उन्हें अपने मन के भावों को कागज पर उतारना पसंद था। आखिरकार, उनके पिता ने पढ़ाई के बीच में ही उन्हें वापस भारत बुला लिया और उन पर घर-परिवार की जिम्मेदारियाँ डाल दीं। रवींद्रनाथ टैगोर को प्रकृति से बहुत प्यार था। वे गुरुदेव के नाम से लोकप्रिय थे। भारत आकर उन्होंने फिर से लिखने का काम शुरू किया।

रचनाएँ

रवींद्रनाथ टैगोर को 1913 में साहित्य के लिए नोबेल पुरस्कार प्रदान किया गया। टैगोर ने बाँगला साहित्य में नए गद्य और छंद तथा लोकभाषा के उपयोग की शुरुआत की और इस प्रकार शास्त्रीय संस्कृत पर आधारित पारंपरिक स्वरूपों-प्रारूपों से उसे मुक्ति दिलाई। उन्होंने कम आयु में काव्य-लेखन आरंभ कर दिया था। 1890 के दशक में उन्होंने कविताओं की अनेक पुस्तकें प्रकाशित कीं।

विलक्षण प्रतिभा

दो-दो राष्ट्रगानों के रचयिता रवींद्रनाथ टैगोर पारंपरिक ढाँचे के लेखक नहीं थे। वे एकमात्र कवि हैं, जिनकी दो रचनाएँ दो देशों का राष्ट्रगान बनीं। भारत का राष्ट्रगान 'जन-गण-मन' और बाँगलादेश का राष्ट्र गान 'आमार

सोनार बाँगला' उनकी ही रचनाएँ हैं। वे वैश्विक समानता और एकांतिकता के पक्षधर थे। ब्रह्म समाजी होने के बावजूद उनका दर्शन मानवता के प्रति समर्पित रहा। वे एक ऐसे कवि थे, जिनका केंद्रीय तत्त्व अंतिम आदमी की भावनाओं का परिष्कार करना था। वे मनुष्य मात्र के स्पंदन के कवि थे। एक ऐसे कलाकार जिनकी रगों में शाश्वत प्रेम की गहरी अनुभूति है, एक ऐसा नाटककार जिसके नाटकों में मनुष्य की गहरी जिजीविषा है। एक ऐसा कथाकार जो अपने आसपास से कथानक चुनता है, बुनता है, सिर्फ इसलिए नहीं कि घनीभूत पीड़ा की आवृत्ति करे या उसे ही अनावृत करे, बल्कि उस कथालोक में वह मनुष्य के अंतिम गंतव्य की तलाश करता है।

रचना कर्म

शिलाइदह और शहजादपुर स्थित अपनी खानदानी जायदाद के प्रबंधन के लिए रवींद्र 10 वर्षों तक पूर्वी बंगाल (वर्तमान बाँगलादेश) में रहे। वहाँ वे अकसर पद्मा नदी (गंगा नदी) पर एक हाउस बोट में ग्रामीणों के निकट संपर्क में रहते थे। उन ग्रामीणों की निर्धनता व पिछड़ेपन के प्रति उनकी संवेदना उनकी बाद की रचनाओं का मूल स्वर बनी। उनकी सर्वश्रेष्ठ कहानियाँ जिनमें दीन-हीनों का जीवन और उनके दैनंदिन जीवन की पीड़ा वर्णित है, 1890 के बाद की हैं। उनकी मार्मिकता में हल्का सा विडंबना का पुट है, जो टैगोर की निजी विशेषता है तथा जिसे सुप्रसिद्ध फिल्म निर्देशक सत्यजीत रे अपनी बाद की फिल्मों में कुशलतापूर्वक पकड़ पाए हैं।

'गल्पगुच्छ' की तीन जिल्दों में उनकी सभी चौरासी कहानियाँ संगृहीत हैं, जिनमें से केवल दस प्रतिनिधि कहानियाँ चुनना टेढ़ी खीर है। 1891 से 1895 के बीच का पाँच वर्षों का समय रवींद्रनाथ की साहित्य साधना का महान् काल था। उनकी कहानियों में वर्षा, नदियाँ और नदी किनारे के सरकंडे, वर्षा ऋतु का आकाश, छायादार गाँव, वर्षा से भरे अनाज के लहलहाते खेत मिलते हैं। उनके साधारण पात्र कहानी खत्म होते-होते असाधारण मनुष्यों में बदल जाते हैं और महानता की पराकाष्ठा छू लेते हैं। उनकी कराहती पीड़ा

की मूक करुणा हमारे हृदय को अभिभूत कर देती है।

उनकी कहानी 'पोस्टमास्टर' इस बात का सजीव उदाहरण है कि एक सच्चा कलाकार साधारण उपकरणों से कैसी अद्भुत सृष्टि कर सकता है। कहानी में केवल दो सजीव साधारण से पात्र हैं। बहुत कम घटनाओं से भी वे अपनी कहानी का महल खड़ा कर देते हैं। एक छोटी लड़की कैसे बड़े-बड़े इनसानों को अपने स्नेह-पाश में बाँध देती है, 'काबुलीवाला' इस बात का जीता-जागता उदाहरण है। रवींद्रनाथ ने पहली बार अपनी कहानियों में साधारण सी महिला का बखान किया।

रवींद्रनाथ की 'काबुलीवाला', 'मास्टर साहब' और 'पोस्टमास्टर' कहानियाँ आज भी लोकप्रिय हैं। उनकी कहानियाँ सर्वश्रेष्ठ होते हुए भी लोकप्रिय हैं और लोकप्रिय होते हुए भी सर्वश्रेष्ठ हैं।

अपनी कल्पना के पात्रों के साथ रवींद्रनाथ की अद्भुत सहानुभूतिपूर्ण एकात्मकता और उसके चित्रण का अतीव सौंदर्य उनकी कहानी को सर्वश्रेष्ठ बना देते हैं, जिसे पढ़कर द्रवित हुए बिना नहीं रहा जा सकता। उनकी कहानियाँ फौलाद को मोम बनाने की क्षमता रखती हैं।

'अतिथि' कहानी का तारापद रवींद्रनाथ के अविस्मरणीय पात्रों में से एक है। इसका नायक कहीं बँधकर नहीं रह पाता। आजीवन 'अतिथि' ही रहता है, 'सुधित पाषाण' कहानी में कलाकार की कल्पना अपने सुंदरतम रूप में व्यक्त हुई है। यहाँ अतीत वर्तमान के साथ वार्त्तालाप करता है—रंगीन प्रभामय अतीत के साथ नीरस वर्तमान। समाज में महिलाओं का स्थान तथा नारी जीवन की विशेषताएँ उनके लिए गंभीर विषय थे और इस विषय में भी उन्होंने गहरी अंतर्दृष्टि का परिचय दिया है।

राष्ट्रगान 'जन-गण-मन' के रचयिता टैगोर को बंगाल के ग्राम्यांचल से प्रेम था और इनमें भी पद्मा नदी उन्हें सबसे अधिक प्रिय थी—जिसकी छवि उनकी कविताओं में बार-बार उभरती है। उन वर्षों में उनके कई कविता संग्रह और नाटक आए, जिनमें काव्य रचना 'सोनार तरी' (सुनहरी नाव), 1894 तथा नाटिका चित्रांगदा, 1891 उल्लेखनीय हैं।

चित्रकला

साठ के दशक के उत्तरार्द्ध में टैगोर की चित्रकला यात्रा शुरू हुई। यह उनके कवि व्यक्तित्व का विस्तार था। हालाँकि उन्हें कला की कोई औपचारिक शिक्षा नहीं मिली थी, फिर भी उन्होंने एक सशक्त एवं सहज दृश्य शब्दकोश का विकास कर लिया था। टैगोर की इस उपलब्धि के पीछे आधुनिक पाश्चात्य, पुरातन एवं पारंपरिक कला जैसी दृश्य-कला के विभिन्न स्वरूपों की उनकी गहरी समझ थी। एक अवचेतन प्रक्रिया के आरंभिक रूप में टैगोर की पांडुलिपियों में उभरती और मिटती रेखाएँ खास स्वरूप लेने लगीं। धीरे-धीरे टैगोर ने कई चित्रों को उकेरा, जिनमें कई बेहद काल्पनिक एवं विचित्र जानवरों, मुखौटों, रहस्यमय मानवीय चेहरों, गूढ़ भू-परिदृश्यों, चिड़ियों एवं फूलों के चित्र थे।

उनकी कृतियों में फंतासी, लयात्मकता एवं जीवंतता का अद्‌भुत संगम दिखता है। कल्पना की शक्ति ने उनकी कला को जो विचित्रता प्रदान की, उसकी व्याख्या शब्दों में संभव नहीं है। तकनीकी रूप से टैगोर ने सृजनात्मक स्वतंत्रता का आनंद लिया। उनके पास कई उद्वेलित करने वाले विषय थे। रोशनाई से बने उनके चित्रों में एक स्वच्छंदता दिखती है, जिसके तहत कूची, कपड़ा, रुई के फाहों और यहाँ तक कि उँगलियों का बखूबी इस्तेमाल किया गया है। टैगोर के लिए कला मनुष्य को दुनिया से जोड़ने का माध्यम है। आधुनिकतावादी होने के नाते टैगोर विशेषकर कला के क्षेत्र में पूरी तरह समकालीन थे।

यीट्स द्वारा अनुवाद

टैगोर की कविताओं की पांडुलिपि को सबसे पहले विलियम रोथेनस्टाइन ने पढ़ा था और वे इतने मुग्ध हो गए कि उन्होंने अंग्रेजी कवि यीट्स से संपर्क किया और पश्चिमी जगत् के लेखकों, कवियों, चित्रकारों और चिंतकों से टैगोर का परिचय कराया। उन्होंने ही इंडिया सोसाइटी से इसके प्रकाशन की व्यवस्था की। शुरू में 750 प्रतियाँ छापी गईं, जिनमें से सिर्फ 250 प्रतियाँ ही

बिक्री के लिए थीं। बाद में मार्च 1913 में मैकमिलन एंड कंपनी, लंदन ने इसे प्रकाशित किया और 13 नवंबर, 1913 को नोबेल पुरस्कार की घोषणा से पहले इसके दस संस्करण छापने पड़े। यीट्स ने टैगोर के अंग्रेजी अनुवादों का चयन करके उनमें कुछ सुधार किए और अंतिम स्वीकृति के लिए उन्हें टैगोर के पास भेजा और लिखा—"हम इन कविताओं में निहित अजनबीपन से उतने प्रभावित नहीं हुए, जितना यह देखकर कि इनमें तो हमारी ही छवि नजर आ रही है।"

यीट्स ने ही बाद में अंग्रेजी अनुवाद की भूमिका लिखी। उन्होंने लिखा कि कई दिनों तक इन कविताओं का अनुवाद लिये मैं रेलों, बसों और रेस्तराँओं में घूमा हूँ और मुझे बार-बार इन कविताओं को इस डर से पढ़ना बंद करना पड़ा है कि कहीं कोई मुझे रोते-सिसकते हुए देख न ले। अपनी भूमिका में यीट्स ने लिखा कि हम लोग लंबी-लंबी किताबें लिखते हैं, जिनमें शायद एक भी पन्ना ऐसा आनंद नहीं देता है। बाद में गीतांजलि का जर्मन, फ्रेंच, जापानी, रूसी आदि विश्व की सभी प्रमुख भाषाओं में अनुवाद हुआ और टैगोर की ख्याति दुनिया के कोने-कोने में फैल गई।

शांति-निकेतन

1901 में टैगोर ने पश्चिम बंगाल के ग्रामीण क्षेत्र में स्थित शांति-निकेतन में एक प्रायोगिक विद्यालय की स्थापना की, जहाँ उन्होंने भारत और पश्चिमी परंपराओं के सर्वश्रेष्ठ तत्त्वों को मिलाने का प्रयास किया। वे विद्यालय में ही स्थायी रूप से रहने लगे। यही प्रायोगिक विद्यालय 1921 में विश्वभारती विश्वविद्यालय बन गया। 1902 तथा 1907 के बीच उनकी पत्नी और दो बच्चों की मृत्यु से उपजा गहरा दुःख उनकी बाद की कविताओं में परिलक्षित होता है, जो पश्चिमी जगत् में गीतांजलि, सॉन्ग ऑफ रिंग्स (1912) के रूप में पहुँचा।

शांति-निकेतन में उनका जो सम्मान समारोह हुआ था, उसका सचित्र समाचार भी कुछ ब्रिटिश समाचार-पत्रों में छपा था। 1908 में कलकत्ता में

हुए कांग्रेस अधिवेशन के सभापति और बाद में ब्रिटेन के प्रथम लेबर प्रधानमंत्री रेम्जे मेक्डोनाल्ड 1914 में एक दिन के लिए शांति-निकेतन गए थे। उन्होंने शांति-निकेतन के संबंध में पार्लियामेंट के एक लेबर सदस्य के रूप में जो कुछ कहा, वह भी ब्रिटिश समाचार-पत्रों में छपा। उन्होंने शांति-निकेतन के संबंध में सरकारी नीति की भर्त्सना करते हुए इस बात पर चिंता व्यक्त की थी कि शांति-निकेतन को सरकारी सहायता मिलनी बंद हो गई है।

ब्रिटेन में गुरुदेव

टैगोर 1878 से लेकर 1930 के बीच सात बार इंग्लैंड गए। 1878 और 1890 उनकी पहली दो यात्राओं के संबंध में ब्रिटेन के समाचार-पत्रों में कुछ भी नहीं छपा, क्योंकि तब तक उन्हें वह ख्याति नहीं मिली थी कि उनकी ओर किसी विदेशी समाचार-पत्र का ध्यान जाता। उस समय तो वे एक विद्यार्थी ही थे।

जब वे तीसरी बार 1912 में लंदन गए, तब तक उनकी कविताओं की पहली पुस्तक का अंग्रेजी में अनुवाद प्रकाशित हो चुका था। अतः उनकी ओर ब्रिटेन के समाचार-पत्रों का ध्यान गया। उनकी यह तीसरी ब्रिटेन यात्रा वस्तुतः उनके प्रशंसक एवं मित्र बृजेंद्रनाथ शील के सुझाव एवं अनुरोध पर की गई थी। इस यात्रा के आधार पर पहली बार वहाँ के प्रमुख समाचार-पत्र 'द टाइम्स' में उनके सम्मान में दी गई एक पार्टी का समाचार छपा। इसमें ब्रिटेन के कई प्रमुख साहित्यकार यथा डब्ल्यू.पी. यीट्स, एच.जी. वेल्स, जे.डी. एंडरसन और डब्ल्यू. रोथनस्टाइन आदि उपस्थित थे।

इसके कुछ दिन बाद 'द टाइम्स' में ही उनके काव्य की प्रशंसा में तीन पैराग्राफ लंबा एक समाचार भी छपा और फिर उनकी मृत्यु के समय तक ब्रिटेन के समाचार-पत्रों में उनके जीवन और कृतित्व के संबंध में कुछ-न-कुछ बराबर ही छपता रहा। परंपरागत रूप से भारत विरोधी समाचार-पत्र उनके संबंध में चुप्पी ही लगाए रहे, पर निष्पक्ष और भारत के प्रति सहानुभूति रखनेवाले समाचार-पत्रों ने बड़ी उदारता से उनके संबंध में समाचार, लेख

आदि प्रकाशित किए। ब्रिटेन के कट्टर रूढ़िवादी कंजरवेटिव समाचार-पत्र 'डेली टेलीग्राफ' नें उन्हें नोबेल पुरस्कार मिलने की सूचना तक प्रकाशित करना उचित नहीं समझा। जबकि उस दिन के अन्य सभी समाचार-पत्रों में इस सूचना के साथ ही पुरस्कृत कृति 'गीतांजलि' के संबंध में वहाँ के समीक्षकों की सम्मति भी प्रकाशित हुई।

'गीतांजलि' का अंग्रेजी अनुवाद प्रकाशित होने के एक सप्ताह के अंदर लंदन से प्रकाशित होने वाले प्रसिद्ध साप्ताहिक 'टाइम्स लिटरेरी', 'सप्लीमेंट' में उसकी समीक्षा प्रकाशित हुई थी और बाद में आगामी तीन महीने के अंदर तीन समाचार-पत्रों में भी उसकी समीक्षा प्रकाशित हुई। रवींद्रनाथ टैगोर को नोबेल पुरस्कार मिलने के संबंध में ब्रिटिश समाचार-पत्रों में मिश्रित प्रतिक्रिया हुई। इस संबंध में 'द टाइम्स' ने लिखा था कि 'स्वीडिश अकादमी' के इस अप्रत्याशित निर्णय पर कुछ समाचार-पत्रों में आश्चर्य प्रकट किया गया है, पर इस पत्र के स्टॉकहोम स्थित संवाददाता ने अपने डिस्पैच में लिखा था कि स्वीडन के प्रमुख कवियों और लेखकों ने स्वीडिश कमेटी के सदस्यों की हैसियत से नोबेल कमेटी के इस निर्णय पर पूर्ण संतोष व्यक्त किया है। इस संबंध में ब्रिटेन के प्रतिष्ठित समाचार-पत्र 'मैनचेस्टर गार्जियन' ने लिखा था कि रवींद्रनाथ टैगोर को नोबेल पुरस्कार मिलने की सूचना पर कुछ लोगों को आश्चर्य अवश्य हुआ, पर असंतोष नहीं। टैगोर एक प्रतिभाशाली कवि हैं। बाद में 'द केटसेंट मून' की समीक्षा करते हुए एक समाचार-पत्र ने लिखा था कि इस बंगाली (रवींद्रनाथ टैगोर) का अंग्रेजी भाषा पर जैसा अधिकार है, वैसा बहुत कम अंग्रेजों का होता है।

जलियाँवाला कांड की निंदा

1919 में हुए जलियाँवाला कांड की जब रवींद्रनाथ टैगोर ने निंदा की तो ब्रिटिश समाचार-पत्रों का रुख अचानक बदल गया। टैगोर ने जलियाँवाला कांड के विरोधस्वरूप अपना 'सर' का खिताब लौटाते हुए वायसराय को जो पत्र लिखा, वह भी ब्रिटिश समाचार-पत्रों ने छापना उचित नहीं समझा, पर

लॉर्ड मांटेग्यू ने पार्लियामेंट में जब घोषणा की कि 'सर रवींद्रनाथ को दिया गया खिताब वापस नहीं लिया गया है' तो यह समाचार ब्रिटिश समाचार-पत्रों में अवश्य छपा। 'डेली टेलीग्राफ' ने तो व्यंग्यपूर्वक यह भी लिखा कि रवींद्रनाथ टैगोर के अंग्रेजी प्रकाशक मैकमिलन्स उनके नाम के साथ अभी भी 'सर' छाप रहे हैं।

नोबेल पुरस्कार

टैगोर के 'गीतांजलि' समेत बाँगला काव्य-संग्रहों से ली गई कविताओं के अंग्रेजी अनुवाद के इसी शीर्षक के संकलन की डब्ल्यू.बी. यीट्स और आंद्रे जीद ने प्रशंसा की और इसके लिए टैगोर को 1913 में नोबेल पुरस्कार प्रदान किया गया।

मृत्यु

इस महान् साहित्यकार की मृत्यु 7 अगस्त, 1941 को कलकत्ता में हुई थी।

महान् रचनाकार

बीसवीं सदी की अंग्रेजी कविता के सशक्त हस्ताक्षर डब्ल्यू.बी. यीट्स ने रवींद्रनाथ की श्रेष्ठतम गद्यकृति 'जीवन-स्मृति' को माना है। 'जीवन-स्मृति' रवींद्रनाथ के संपूर्ण जीवन को लिपिबद्ध नहीं करती, लेकिन रवींद्रनाथ कवि कैसे बने, जीवन-स्मृति को पढ़ने से इसका आभास निश्चित रूप से होता है।

हम यीट्स के कथन को और आगे ले चलें। रवींद्रनाथ के संस्मरण से महत्त्वपूर्ण उनका जीवन है। एक आभिजात्य परिवार के उत्तराधिकारी को इतने सारे उतार-चढ़ाव के बीच से होकर गुजरना पड़ता है, रवींद्रनाथ को भी गुजरना पड़ा। चूँकि वे नए सामाजिक मूल्यों को गढ़ने लगे थे, इसलिए हर क्षेत्र—चाहे भाषा हो या संस्कृति, समाज हो या सार्वजनिक आचरण, संगीत

का व्याकरण हो या नाटक प्रस्तुत करने का ढंग, उन्हें यथास्थिति की ताकतों से जूझना पड़ा। यह लड़ाई रवींद्रनाथ ने चाव के साथ लड़ी। जुझारूपन रवींद्रनाथ को अपने परिवार से विरासत में मिला। चाहे स्त्री-स्वतंत्रता हो या धार्मिक कठमुल्लापन, रवींद्रनाथ का परिवार हर मोरचे की लड़ाई में सबसे आगे था।

रवींद्रनाथ से पहले भी बंगाल समाज को सुधारने की, उसे पिछड़ेपन से मुक्ति दिलाने की कोशिशें शुरू हुईं, लेकिन समाज-सुधारकों का, सुसंस्कृत पुरुषों का बुरा हाल हुआ। सतीदाह प्रथा को रद्द करवाने में राजा राममोहन राय ने अग्रणी भूमिका निभाई। कलकत्ता के ब्राह्मण लंबे समय तक उनके घर के सामने मल-मूत्र से भरे भाँड़ फेंकते रहे। चूँकि उन्होंने विधवाओं की शादी करवाने की हिम्मत दिखाई थी, इसलिए ईश्वरचंद्र विद्यासागर को कलकत्ता से खदेड़कर करमाटाड़ भेज दिया गया। करमाटाड़ की वादियों में संथालों के बीच आखिरकार उन्हें सुकून मिला। रवींद्रनाथ के पूर्वजों की स्थिति भी यही होती, चूँकि वे धनी, साधनसंपन्न और आत्मनिर्भर थे, इसलिए इस स्थिति में जाने से बच गए। वे बड़े व्यवसायी थे। चाहे जहाजरानी हो या खनन का काम—हर क्षेत्र में अंग्रेजों से प्रतिस्पर्द्धा करना उनकी आदत सी थी। शायद यहीं से साम्राज्यवाद विरोध रवींद्रनाथ की रगों में आ समाया। जलियाँवाला बाग नरसंहार के विरोध में 'सर' की उपाधि त्याग देना इसकी एक छोटी सी अभिव्यक्ति थी, लेकिन साम्राज्यवाद-विरोधी होते हुए भी स्वतंत्रता आंदोलन की खामियाँ उनकी नजरों से ओझल नहीं थीं। सशस्त्र क्रांतिकारी आंदोलन में तरह-तरह की खामियाँ आ गई थीं। रवींद्रनाथ ने इन खामियों से अपना विरोध सफाई से बयाँ किया। 'चार अध्याय' उपन्यास में प्रेमी युगल एला और यतीन को नेता का विरोध करने के जुर्म में अपनी जान गँवानी पड़ी। उसी तरह 'घरे-बाइरे' उपन्यास में स्वदेशी आंदोलन के नाम पर चंदाखोरी करने वालों का बारीक चित्रण किया गया। रवींद्रनाथ की मान्यता थी कि क्रांतिकारी दर्शन कोई ठूँठ वृक्ष नहीं है। उसमें जीवन के फूल की पत्तियाँ खिलनी चाहिए, उसमें ईमानदारी की हरियाली होनी चाहिए।

शिक्षा, राजनीति, प्रशासन जैसे हर क्षेत्र में रवींद्रनाथ ने जीवंतता को प्रमुख माना, बदलाव को अहमियत दी। शांति-निकेतन के माध्यम से रवींद्रनाथ ने शिक्षाशास्त्रियों को यह संदेश दिया कि 'शिक्षा को डरावनी चीज मत बनाओ।' शांति-निकेतन के माध्यम से भारत तथा बंगाल के नवयुवकों को यह संदेश दिया कि 'ग्रामीण उद्योगों की संभावनाओं पर गौर करो।' इसके अलावा कविता, कहानी, उपन्यास और निबंध लिखने के साथ-साथ उन्होंने ढाई हजार गीत लिखे, उनमें सुर आरोपित किए। इनके द्वारा किए गए इस महान् काम ने बंगाली मानसिकता को बालिग बनाया, बाँगला सौंदर्यशास्त्र को ऐसा विशाल आयतन प्रदान किया, जो कभी संकुचित होने वाला नहीं है।

रवींद्रनाथ आज से करीब डेढ़ सौ वर्ष पहले पैदा हुए थे। तब से लेकर आज के बीच बहुत बड़ा फासला है। मनुष्य का सोचने का तरीका, उसके काम करने का ढंग—सबकुछ बदल गया, लेकिन रवींद्रनाथ की प्रासंगिकता आज भी जस की तस बनी हुई है। शेक्सपीयर और तुलसीदास को छोड़कर यह सौभाग्य किसी और रचनाकार को नहीं प्राप्त हुआ है।

रवींद्रनाथ ने सृजनशीलता को जारी रखने के लिए तकलीफें सहीं, कुरबानियाँ दीं। उन्हें हर प्रकार के दुःख झेलने पड़े। माँ, पत्नी, बच्चों का असामयिक निधन— एक बेटा और एक बेटी को छोड़कर— सामाजिक प्रताड़ना— अपने मुक्तचिंतन के कारण—इस सबकुछ के बीच उन्होंने अपनी सृजनशीलता को जगाए रखा। उनका यह त्याग, हम सभी पर ऐसा ऋण है, जिससे हम कभी मुक्त नहीं हो सकेंगे।

□

पृष्ठभूमि

रवींद्रनाथ के जन्म से पूर्व बंगाल में अंग्रेजी शिक्षा और सभ्यता का प्रभाव, अन्य प्रांतों से पहले ही बड़ी तीव्रता के साथ अपना रंग जमाने लगा था। पाश्चात्य संस्कृति बंगाली मस्तिष्क के संपर्क में आकर नए-नए रचनात्मक रूपों में प्रस्फुटित हो रही थी। धर्म, दर्शन और साहित्य जैसे क्षेत्रों में ब्रिटिश सभ्यता का प्रभाव साफ नजर आने लगा था। एक ओर ईसाई धर्म-प्रचारक जीवन की सुविधाओं का प्रलोभन देकर युवाओं को अपनी तरफ आकर्षित करने की कोशिश कर रहे थे। दूसरी ओर हिंदू कॉलेज के छात्र आंदोलन खड़ा करके शिक्षित समाज को व्यक्ति-स्वतंत्रता का पाठ पढ़ा रहे थे। हिंदू धर्म की विकृतियों के पृष्ठपोषक गण परिवर्तन के सुस्पष्ट लक्षणों के प्रति पूरी तरह उदासीन होकर अपने अंधविश्वासों का ढोल पीट रहे थे। इन परिस्थितियों का बड़ा गहरा प्रभाव कवि के पिता देवेंद्रनाथ टैगोर पर पड़ा और उन्होंने हिंदू संस्कृति के मूल एवं श्रेष्ठ तत्त्वों के पुनरुद्धार का बीड़ा उठाकर ब्रह्म समाज की नींव को मजबूत बनाने में अहम् योगदान दिया। उस नींव पर उन्होंने प्रबल प्रयत्नों से जो इमारत खड़ी की, वह केशवचंद्र सेन द्वारा प्रगतिशील ब्रह्म समाज के धक्के से हिलने लगी। इसी धार्मिक और सांस्कृतिक उथल-पुथल के बीच में रवींद्रनाथ का जन्म हुआ।

हिंदू कॉलेज की स्थापना डेविड हेयर नामक एक अंग्रेज द्वारा राजा राममोहन राय की मृत्यु से लगभग दस साल पहले हुई थी। डेविड हेयर एक

साधारण घड़ीसाज था, पर शिक्षा के संबंध में उसके विचार बड़े प्रगतिशील थे। इस कॉलेज को एक प्रतिभाशाली अध्यापक प्राप्त हो गया था। इस अध्यापक का नाम हेनरी लुई विवियन डेरोजियो था। वह एक पुर्तगीज व्यापारी का पुत्र था और उसकी माता भारतीय थी। उस पर फ्रांस के क्रांतिकारी लेखकों—विशेषकर वाल्तेयर का गहरा प्रभाव पड़ा था। उसने अपने तरुण भारतीय छात्रों के मस्तिष्क में भी क्रांतिकारी विचारों के बीज बो दिए। उसके विचारों से घबराकर कॉलेज के अधिकारियों ने उसे इस्तीफा देने के लिए बाध्य कर दिया, पर वह धुन का पक्का था और शांत होकर बैठने वाला नहीं था। उसने 'ईस्ट इंडियन' नामक एक अंग्रेजी दैनिक पत्र निकाला। उसके चारों ओर तरुण छात्रों का एक दल एकत्रित हो गया। उस दल के कई छात्रों ने बाद में सामाजिक तथा सांस्कृतिक आंदोलन के क्षेत्र में बड़ी प्रसिद्धि प्राप्त की। उन छात्रों ने जीवन के प्रत्येक क्षेत्र में स्वतंत्रता का नारा बुलंद किया। वे धार्मिक कट्टरता, परंपरागत अंधविश्वास तथा सांप्रदायिक भेदभाव के घोर विरोधी थे और कट्टर हिंदुओं की मान्यताओं पर चोट पहुँचाने के लिए हमेशा तत्पर रहते थे।

हालाँकि डेरोजियो ने इस तरह के आचारण की शिक्षा अपने शिष्यों को नहीं दी थी, फिर भी वैचारिक स्वतंत्रता पर वह निरंतर जोर देता रहा, पर उसके उपदेशों का कुछ दूसरा ही प्रभाव उन शिष्यों पर पड़ने लगा। कट्टर हिंदू परिवार के विधि निषेधों के कठोर नियंत्रण में पले हुए वे युवक एक चरम स्थिति से दूसरी चरम स्थिति को अपनाने लगे। व्यक्ति-स्वतंत्रता और वैचारिक स्वतंत्रता का अर्थ उन्होंने उच्छृखलता समझ लिया। उनमें से कुछ शराब पीकर अराजक आचरण भी करने लगे, पर कुछ ऐसे प्रतिभाशाली छात्र भी उस दल में थे जिन्होंने साहित्यिक, सामाजिक तथा पत्रकारिता के क्षेत्र में बड़े महत्त्वपूर्ण कार्य किए। राजा राममोहन राय के बाद इन्हीं लोगों ने बंगाल में नवजागरण का बीड़ा उठाया। एक ओर धार्मिक तथा सांप्रदायिक कट्टरता के विरुद्ध वह अभियान चल रहा था, दूसरी ओर ईसाई मिशनरियों के प्रचार का प्रभाव भी बहुत से नवशिक्षित युवाओं पर पड़ रहा था। डॉ. एलेक्जेंडर

डफ ने स्कॉटिश चर्चेज कॉलेज की स्थापना करके अपने छात्रों के दिमाग में ईसाई धर्म के सिद्धांतों के बीज बोने शुरू कर दिए। हिंदू समाज की कट्टरता से मुक्ति पाने के लिए कई प्रतिभाशाली छात्र उसके प्रभाव से ईसाई बन गए, जिनमें एक थे लालबिहारी डे और दूसरे थे कालीचरण बनर्जी। कालीचरण बनर्जी भारतीय राष्ट्रीय कांग्रेस के प्रतिष्ठापकों में से एक थे। डेरोजियो के भी बहुत से छात्रों ने अपनी उच्छृंखलता से स्वयं तंग आकर बाद में ईसाई धर्म को अपना लिया। कृष्णमोहन बनर्जी जैसे मशहूर विद्वान् और देशसेवक ने ईसाई धर्म अपना लिया। और तो और, उस युग के श्रेष्ठ कवि और साहित्यकार माइकेल मधुसूदन दत्त भी किसी विचित्र प्रतिक्रियात्मक प्रेरणा से ईसाई धर्म अपना चुके थे। इस प्रकार बंगाल के धार्मिक तथा सामाजिक क्षेत्रों में एक अजीब सी उथल-पुथल मची हुई थी। ईसाई मत का निरंतर बढ़ता हुआ प्रचार देखकर हिंदू नेता चिंतित हो उठे। देवेंद्रनाथ टैगोर ने इस प्रभाव को रोकने के लिए हर संभव प्रयास किया। उन्होंने 'तत्त्वबोधिनी पत्रिका' में ईसाई मिशनरियों की संकीर्णता के खिलाफ कई लेख लिखे और दूसरों से भी लिखवाए। वे प्रतिदिन सुबह से लेकर शाम तक कलकत्ता के प्रतिष्ठित हिंदू परिवारों में जाते थे और लोगों को समझाते थे कि वे अपने बच्चों को ईसाई मिशनरियों के स्कूलों में शिक्षा न दिलाएँ और स्वयं नए स्कूलों की स्थापना करें। लोग उनके तर्कों से बहुत प्रभावित हुए और धीरे-धीरे ईसाई धर्म का आकर्षण कम होता गया।

जब देवेंद्रनाथ ने ब्रह्म-समाज के पुनर्संगठन की ओर अपनी शक्तियों को केंद्रित किया, तब हिंदू धर्म के एक नए और प्रगतिशील रूप के विकास के कारण मिशनरियों द्वारा भटकाए जाने वाले युवाओं को एक नया और मजबूत आधार प्राप्त हुआ। डेरोजियो के विचारों का पालन करने वाले युवा भी धीरे-धीरे ब्रह्म समाज की ओर आकर्षित होने लगे। इस प्रकार केवल धर्म के क्षेत्र में ही नहीं, बौद्धिक क्षेत्र में भी एक नई जागृति देवेंद्रनाथ टैगोर की लगन की वजह से मुमकिन हुई, साथ ही राष्ट्रीय जागरण की लहर भी फैलने लगी। उन्हीं दिनों ईश्वरचंद्र विद्यासागर ने विधवा विवाह तथा स्त्रीशिक्षा संबंधी

आंदोलन का सूत्रपात कर समाज में तहलका मचा दिया था। हरीशचंद्र मुखर्जी 'हिंदू पेट्रिएट' नामक अंग्रेजी अखबार निकालकर राजनीतिक एवं राष्ट्रीय जागरण के क्षेत्र में अहम् भूमिका निभा रहे थे।

इस संक्रांतिकालीन उथल-पुथल के वातावरण में रवींद्रनाथ का जन्म हुआ। यह उथल-पुथल केवल धार्मिक तथा सामाजिक क्षेत्रों तक ही सीमित नहीं थी, बल्कि साहित्यिक तथा सांस्कृतिक क्षेत्रों में भी परिवर्तन आ रहा था। देवेंद्रनाथ द्वारा संचालित 'तत्त्वबोधिनी पत्रिका' प्राचीन भारत के वास्तविक आध्यात्मिक गौरव के प्रचार के जरिए नई अंग्रेजी सभ्यता की चकाचौंध से चकित नव शिक्षित समाज के सामने नवीन आदर्श प्रस्तुत कर रही थी। इस पत्रिका में वेद, उपनिषद्, महाभारत आदि का अनुवाद धारावाहिक रूप से प्रकाशित किया जाता था। देवेंद्रनाथ के प्रयासों से स्वदेशी भाषा की उन्नति संबंधी आंदोलन भी उन्हीं दिनों विविध उपायों द्वारा जोर-शोर के साथ चलाया जा रहा था। यही वजह थी कि यूरोपीय साहित्य और दर्शन से प्रभावित प्रबुद्ध लेखकगण यूरोपीय ज्ञान को बाँगला भाषा में प्रस्तुत करने में जुट गए थे। इस प्रकार प्राच्य और पाश्चात्य ज्ञान का उन्नततम रूप जन साधारण के समक्ष उजागर हो रहा था।

साहित्यिक जागरण भी बड़ी तीव्र गति से हो रहा था। माइकेल मधुसूदन दत्त अपनी विद्रोही प्रतिभा को साहित्यिक रूप देने के लिए अत्यंत उत्सुक हो उठे थे। प्रारंभ में उन्होंने अपनी इस आकांक्षा की पूर्ति अंग्रेजी माध्यम से करने का निश्चय किया था। 'दि कैप्टिव लेडी' नाम से एक काव्यात्मक आख्यान उन्होंने अंग्रेजी में लिखा भी था, पर बाद में उनके कुछ वरिष्ठ मित्रों ने जब उन्हें यह सुझाव दिया कि विदेशी भाषा में कविता लिखकर वे कभी भी वैसी ख्याति प्राप्त नहीं कर सकते, जैसी अपनी मातृभाषा में लिखकर प्राप्त कर सकते हैं। यह बात माइकेल के दिल में बैठ गई। उन्होंने संस्कृत सीखना शुरू कर दिया, तब तक वह संस्कृत का एक साधारण शब्द भी शुद्ध रूप में लिखना नहीं जानते थे। 'पृथ्वी' को 'प्रथिवी' लिखते थे। उन दिनों ईश्वरचंद्र विद्यासागर की शैली के अनुकरण से संस्कृत-गर्भित बाँगला भाषा का प्रचार

जोर-शोर से हो रहा था। माइकेल ने उसी संस्कृत-बहुल शैली में कविता लिखने का निश्चय किया। कुछ ही समय बाद उन्होंने 'तिलोत्तमा संभव' नामक काव्य अभित्राक्षर या अतुकांत छंद में लिखा। उस काव्य ने तत्कालीन बाँगला साहित्य समाज में धूम मचा दी।

माइकेल मधुसूदन दत्त मिल्टन से बहुत प्रभावित थे और मिल्टन की प्रेरणा से बाँगला में एक महाकाव्य की रचना करना चाहते थे। उन्होंने 'तिलोत्तमा संभव' के बाद ही 'मेघनाद वध' महाकाव्य की रचना कर डाली, जो उनके पिछले काव्य की तरह ही अतुकांत छंद में लिखा गया। पंक्ति के मध्य में विराम देने की प्रथा भी माइकेल ने उस काव्य में चलाई। 'मेघनाद वध' प्रकाशित होते ही बंगाल के तत्कालीन सभी नए और पुराने साहित्यकारों ने एक स्वर से उसकी प्रशंसा की और उसका आश्चर्यजनक स्वागत हुआ। यह बात ध्यान में रखने योग्य है कि 'मेघनाद वध' में राम और लक्ष्मण की अपेक्षा रावण और मेघनाद को अधिक प्रमुखता दी गई। उसमें रावण को राम की अपेक्षा और मेघनाद को लक्ष्मण की अपेक्षा अधिक उदात्त, धीर, प्रशांत और वीर प्रदर्शित किया गया। इससे यह प्रमाणित होता है कि बंगाल के साहित्य समाज में उस युग में भी वैचारिक स्वतंत्रता को अहमियत दी जा रही थी।

माइकेल की प्रतिभा बहुमुखी थी। उन्होंने वैष्णव काव्य-धारा से प्रभावित होकर 'ब्रजांगना' काव्य की रचना की। सॉनेट शैली की कविता का प्रवर्तन भी उन्होंने बाँगला में किया। इसके अतिरिक्त उन्होंने बाँगला के तत्कालीन नव प्रतिष्ठित रंगमंच के लिए नाटक और प्रहसन भी लिखे।

माइकेल ने ईश्वरचंद्र विद्यासागर द्वारा प्रचारित संस्कृत-गर्भित भाषा को अपनाया। उन्होंने उस भाषा को नई गति, नया प्रवाह, नया मोड़ दिया, पर संस्कृत-बाहुल्य से उसे मुक्त करने के बजाय उसे जटिल संस्कृत-शब्दों के भार से और अधिक ग्रस्त कर दिया। एक-दूसरे साहित्यिक वर्ग में इस प्रकार की भाषा के विरुद्ध तीव्र प्रतिक्रिया हो रही थी। फलस्वरूप जब प्यारीचाँद मित्र द्वारा लिखित 'आलालेट घरे दुलाल' और कालीप्रसन्न सिंह का 'हुतोप पेंचार नक्सा' ये दो व्यंग्यात्मक रचनाएँ प्रकाशित होने पर लोकप्रिय हुईं, तब

ठेठ बोलचाल की भाषा की एक नई शैली चल पड़ी। उस युग के मशहूर नाटककार दीनबंधु मित्र ने अपने नाटकों में इसी 'अलाली' भाषा का प्रयोग किया और साथ ही उसमें ग्रामीण भाषा का गहरा पुट दे दिया। दोनों शैलियों में मूलगत अंतर था। इन दो चरम रूपों के बीच की शैली के विकास की आवश्यकता का अनुभव तत्कालीन प्रबुद्ध वर्ग कर रहा था। ऐसी स्थिति में बंकिमचंद्र के रूप में एक नई और महान् प्रतिभा का आविर्भाव हुआ।

बंकिमचंद्र ने तब तक प्रचलित सभी भाषा-शैलियों का मंथन करके एक सुंदर और प्रभावशाली साहित्यिक भाषा का प्रचलन किया। बंकिम ने केवल भाषा का ही संस्कार नहीं किया, भाव के क्षेत्र में भी उन्होंने नए-नए प्रयोग किए। केवल प्रयोग ही नहीं किए, स्थायी महत्त्व की भी बहुत सी रचनाएँ उन्होंने बाँगला साहित्य को दीं। उन्होंने साहित्यिक बाँगला भाषा को जिस प्रकार एक नया ओज और नई शक्ति प्रदान की, उसी प्रकार सबल, पुष्ट, स्वस्थ और सुविकसित भावधारा का भी विकास किया। बंकिम ही ऐसे पहले साहित्यकार थे, जिन्होंने एक ओर भारत को परंपरागत रूढ़ियों की संकीर्णता से मुक्त करके, विदेशी साहित्य के संपर्क से प्राप्त नई प्रगतिशील भावभूमि पर उसकी प्राणप्रतिष्ठा की और दूसरी ओर विदेशी साहित्यिक ढाँचे के भीतर देशी भावों और रसों का प्रस्फुटन नए रूपों में किया। बंकिम ऐसे लेखक थे जिन्होंने इस देश में पहली बार उच्च कोटि के आधुनिक साहित्यिक तत्त्वों, भावों और रसों का प्रवर्तन किया।

बंकिम ने 'बंग दर्शन' नामक एक मासिक पत्रिका निकालकर उसके माध्यम से केवल नई-नई प्रभावशाली साहित्यिक कृतियाँ ही नहीं दीं, बल्कि साहित्य की आलोचना का भी एक नया और महत्त्वपूर्ण आदर्श स्थापित किया। इसके साथ ही धर्म, दर्शन, विज्ञान, समाज, नीति, राजनीति आदि विविध विषयों पर भी उन्होंने पुस्तकें लिखीं। 'बंगदर्शन' में नियमित रूप से प्रकाशित होने वाली रचनाओं का गहरा प्रभाव बालक रवींद्रनाथ के दिलो-दिमाग पर पड़ा था, जिसने उनके परवर्ती साहित्यिक जीवन के निर्माण में सहायता की थी।

माइकेल मधुसूदन दत्त के अलावा उस युग के दो और कवियों, हेमचंद्र बंद्योपाध्याय और नवीनचंद्र सेन ने तत्कालीन बाँगला काव्य साहित्य के गौरव की वृद्धि की थी। उन दिनों माइकेल को बाँगला साहित्य का 'मिल्टन' और नवीनचंद्र को 'बायरन' कहा जाता था।

हेमचंद्र माइकेल की शैली के बड़े प्रशंसक थे। 'मेघनाद वध' प्रकाशित होने पर उसकी सबसे अधिक सराहना उन्होंने ही की थी। प्राय: उसी शैली में उन्होंने स्वयं भी 'वृत्र-संहार' नामक महाकाव्य रचा था, जिसकी भावधारा और रचना— रीति 'मेघनाद वध' की तुलना में अधिक उन्नत और परिमार्जित थी, पर उस युग का आलोचनात्मक आदर्श और साहित्य-परीक्षण संबंधी मापदंड कुछ ऐसे विचित्र थे कि हेमचंद्र जनमानस में माइकेल से ऊपर नहीं उठ सके। हेमचंद्र की राष्ट्रीय जागरण संबंधी कुछ कविताएँ उस युग में बहुत लोकप्रिय हो गई थीं। वास्तव में वे कविताएँ अत्यंत ही धार्मिक थीं और संवेदनशीलता के साथ लिखी गई थीं। हेमचंद्र वृद्धावस्था में बिलकुल दृष्टिहीन हो गए थे और जीविका का कोई साधन नहीं होने के कारण उनकी स्थिति दयनीय हो गई थी। रवींद्रनाथ उन्हें बहुत मानते थे। उनके अंतिम वर्षों में रवींद्रनाथ ने उन्हें नियमित रूप से आर्थिक सहायता प्रदान की थी।

यह थी उस युग की साहित्यिक और सांस्कृतिक पृष्ठभूमि, जिस वातावरण में रवींद्रनाथ का आविर्भाव हुआ था।

रवींद्रनाथ ने बंगाल के जिस मशहूर ठाकुर (टैगोर) परिवार में जन्म लिया था, उसकी उत्पत्ति का एक अनूठा इतिहास रहा है। इस परिवार के आदि पूर्वज उन सुप्रसिद्ध पंच ब्राह्मणों में से एक थे जो आठवीं शताब्दी में आदि शूर के समय कान्यकुब्ज से बंगाल में लाए गए थे। उस समय समूचे बंगाल पर महायानीय बौद्ध धर्म का गहरा प्रभाव छाया हुआ था। इसलिए तत्कालीन हिंदू राजा ने हिंदू धर्म की पुनर्प्रतिष्ठा के उद्देश्य से उक्त ब्राह्मणों को बुलाया था। उनमें कश्यप गोत्रीय ब्राह्मण वीतराग के वंश में टैगोर परिवार के पूर्व पुरुष उत्पन्न हुए।

बंगाल में मुसलिम राज्य स्थापित होने पर वीतराग के वंशज दक्षिणनाथ

ने राज-परिवार में विशेष प्रतिष्ठा पाई और 'राय चौधरी' की उपाधि प्राप्त की।

यशोहर के चेंगुरिया में उन दिनों खोजहाँ नामक एक व्यक्ति की अमलदारी थी। उसका दीवान ताहिर नामक एक मुसलमान था। वह ब्राह्मण था, बाद में एक तुर्की महिला से प्रेम हो जाने के कारण उसने इसलाम धर्म ग्रहण कर लिया था। दक्षिणनाथ के दो पुत्र—कामदेव और जयदेव उसके कर्मचारी नियुक्त हुए। ताहिर पीराली खाँ या पीर अली खाँ के नाम से विख्यात था। कुछ लोगों का कहना है कि वह पीराली ग्राम का निवासी था, इसलिए उसका नाम पीर अली खाँ पड़ा। कुछ की यह धारणा थी कि चूँकि वह ब्राह्मण होने पर भी कट्टर मुसलमान बन गया था, इसलिए उसकी प्रतिष्ठा बढ़ाने के लिए मुसलिम समाज ने उसे पीर अली खाँ जैसे आदर सूचक नाम से विभूषित कर दिया था।

यह किंवदंती प्रसिद्ध है कि एक दिन रोजे के दौरान ताहिर उर्फ पीर अली खाँ एक नींबू को सूँघ रहा था। उसी समय कामदेव ने मजाक के लहजे में कहा, "हम लोगों के शास्त्र के अनुसार किसी चीज को सूँघना आधा भोजन करने के बराबर होता है, इसलिए अब आपका रोजा नष्ट हो गया।"

पीर अली खाँ इस मजाक को सुनकर नाराज हो गया, पर उस समय वह कुछ नहीं बोला। उसके कुछ दिनों के बाद उसने एक जलसा किया जिसमें सभी जातियों के हिंदुओं को आमंत्रित किया। सहसा पूर्व योजनानुसार मजलिस के चारों ओर से मुसलिम व्यंजनों की तीव्र गंध महकने लगी। कट्टर हिंदुओं ने कपड़े से अपनी-अपनी नाक ढक ली और कुछ लोग मजलिस से उठकर चले गए। पीर अली ने कामदेव और जयदेव दोनों भाइयों को घेर लिया और उन्हें भागने का मौका ही नहीं दिया। तीखे व्यंग्य के साथ उसने कहा—"जब तुम्हारे शास्त्रों के अनुसार सूँघने मात्र से आधा भोजन हो जाता है, तब गोमांस की गंध पाने से तुम दोनों भाई गोमांस का भक्षण कर चुके हो।" इतना सुनकर डरे हुए कामदेव और जयदेव वहाँ से भागने का रास्ता खोजने लगे, तब पीर अली के सेवकों ने दोनों को पकड़कर ज़बरन

उनके मुँह में गोमांस ठूँस दिया। इस प्रकार दोनों जातिच्युत हो गए। कामदेव का नाम कमाल खाँ रख दिया गया और जयदेव का जमाल खाँ। पीर अली ने दोनों भाइयों को एक जागीर दिला दी।

कामदेव और जयदेव के सभी परिजन—(जो मुसलमान नहीं बने थे) जातिच्युत माने गए और 'पीर अली' कहे जाने लगे। उनके दो और भाई रतिदेव और शुकदेव समाज का अत्याचार सहन न कर सकने के कारण गाँव छोड़कर भाग गए। शुकदेव के पास काफी धन था। उन्होंने आर्थिक प्रलोभन देकर जगन्नाथ कुशारी नामक एक उच्च कुल के ब्राह्मण के साथ अपनी पुत्री का विवाह करने में सफलता पाई। जगन्नाथ अपने ससुर के घर में ही रहने लगे। उनकी बिरादरीवालों ने उन्हें समाज से बहिष्कृत कर दिया था।

जगन्नाथ केद्वितीय पुत्र पुरुषोत्तम से टैगोर वंश की धारा चली आ रही है। कुश नामक गाँव के निवासी होने के कारण ये लोग कुशारी कहे जाते थे। इनके मूलपुरुष शांडिल्य गोत्रीय क्षितीश थे, जो कान्यकुब्ज से आए हुए पंच ब्राह्मणों में से एक थे।

पुरुषोत्तम के प्रपौत्र रामानंद थे। उनके दो पुत्र थे। एक का नाम था महेश्वर और दूसरे का शुकदेव। इन दो भाइयों के समय ही टैगोर परिवार कलकत्ता में आकर बस गया था। प्रारंभ में कलकत्ता से दक्षिण गोविंदपुर गाँव में यह परिवार बसा था। उसके बाद महेश्वर के पुत्र पंचानन अपने ताऊ शुकदेव के साथ आदिगंगा के किनारे बस गए। जहाँ वे रहते थे, वहाँ ज्यादातर मछुआरे रहते थे और ऊँची जातियों के लोग बहुत कम थे। शूद्र निवासियों के बीच एकमात्र ब्राह्मण परिवार होने के कारण सभी लोग उन्हें 'ब्राह्मण टैगोर' या केवल 'टैगोर' कहकर पुकारने लगे। धीरे-धीरे महेश्वर और शुकदेव के नाम के आगे से 'कुशारी' उपाधि लुप्त हो गई और केवल 'टैगोर' उपाधि बची रह गई। उन दिनों आदि गंगा के तट पर विदेशी जहाज आकर रुकते थे। पंचानन उन जहाजों को रसद पहुँचाया करते थे। विदेशियों के बीच वे 'टैगोर' नाम से परिचित हुए।

पंचानन टैगोर तथा शुकदेव टैगोर के पुत्रों ने अंग्रेज व्यापारियों से

कामचलाऊ अंग्रेजी भाषा सीख ली। उन लोगों से मेलजोल बढ़ाने के फलस्वरूप व्यापार के जरिए काफी दौलत भी उन लोगों ने कमा ली और कलकत्ता के फोर्ट विलियम के पास काफी जमीन खरीदकर एक बड़ा मकान भी बना लिया।

पलासी की लड़ाई के बाद जब मीर जाफर बंगाल का नवाब बना, तब उसने सिराजुद्दौला द्वारा ध्वस्त कलकत्ता की क्षतिपूर्ति के रूप में जो रकम दी, उसमें से थोड़ा हिस्सा टैगोर परिवार को भी प्राप्त हुआ। बाद में अंग्रेजों ने ढेर सारी रकम देकर फोर्ट विलियम के आसपास की जमीन टैगोर परिवार से खरीद ली। टैगोर परिवार वहाँ से पाधुरेघाटा नामक स्थान पर रहने के लिए चला गया।

कलकत्ता के जोड़ासांको में टैगोर परिवार के प्रसिद्ध पैतृक भवन का सूत्रपात पंचानन टैगोर के पौत्र नीलमणि टैगोर ने 1784 में किया। पीराली ब्राह्मण-वंश से संबंधित होने के कारण टैगोर परिवार को अच्छे ब्राह्मण कुलों में वैवाहिक संबंध स्थापित करने में बड़ी कठिनाइयों का सामना करना पड़ता था। नीलमणि टैगोर ने धन-बल की मदद से अपनी संतानों का विवाह कुलीन ब्राह्मण परिवारों में किया।

उनके ज्येष्ठ पुत्र रामलोचन निःसंतान थे, इसलिए उन्होंने अपने छोटे भाई राममणि के पुत्र द्वारकानाथ को गोद ले लिया। द्वारकानाथ ने बचपन में अंग्रेजी और फारसी की अच्छी शिक्षा प्राप्त कर ली थी। उन दिनों कलकत्ता की मैकिनताश कंपनी प्रमुख व्यापारी संस्था थी। द्वारकानाथ किसी तरह उस कंपनी के साथ घनिष्ठता कायम करने में सफल हुए। कंपनी के गुमाश्ते के रूप में उन्होंने रेशम और नील के व्यवसाय में कंपनी को फायदा पहुँचाया। बाद में वे स्वयं अपना स्वतंत्र व्यवसाय करने लगे। सुप्रीम कोर्ट के बैरिस्टर फर्गुसन की सहायता से उन्होंने कानून में विशेषज्ञता प्राप्त कर ली और बंगाल तथा बिहार के कई जमींदारों के कानूनी सलाहकार बन गए। कुछ समय बाद उन्होंने मैकिनताश कंपनी के कई शेयर खरीद लिए, तब तक भारतीयों का अपना कोई बैंक नहीं था। 1829 में द्वारकानाथ टैगोर ने यूनियन बैंक की

स्थापना की। वे ईस्ट इंडिया कंपनी की नौकरी भी करते थे। पहले वे चौबीस परगने के कलक्टर के दीवान नियुक्त हुए और बाद में सीमा शुल्क और आबकारी विभाग के दीवान बनाए गए।

1833 में कंपनी की नौकरी छोड़कर उन्होंने 'कार-टैगोर कंपनी' नाम से एक व्यावसायिक संस्था की स्थापना की। इसके अलावा उन्होंने शिलाइदह और दूसरे स्थानों पर कई नीलकोठियाँ खरीद लीं। रानीगंज के कोयले की खान का ठेका भी उन्होंने ले लिया और रामनगर में चीनी का कारखाना भी स्थापित किया। इसके अतिरिक्त कई जगह बड़ी-बड़ी जमींदारियाँ भी उन्होंने खरीद लीं।

द्वारकानाथ ने जहाँ अकूत संपत्ति का सृजन किया, वहीं सामाजिक हितों के भी बहुत से कार्य किए। हिंदू कॉलेज और मेडिकल कॉलेज की स्थापना में उनका प्रमुख योगदान रहा। इंग्लैंड और भारत के बीच डाक-यातायात की अधिक सुविधाजनक व्यवस्था, सती प्रथा निवारण, प्रेस की स्वतंत्रता आदि मामलों में उन्होंने अपने विशिष्ट सहकर्मियों की बड़ी सहायता की, समाज-सुधार संबंधी सभी प्रकार के कार्यों में वे राजा राममोहन राय के प्रधान सहयोगी थे। स्वयं ब्रह्म समाज स्वीकार करके उन्होंने ब्रह्म समाज मंदिर की स्थापना में राजा राममोहन राय का साथ दिया था। हिंदू समाज की कुरीतियों से उन्हें बहुत चिढ़ थी। 1842 में उन्होंने यूरोप की यात्रा की। उस जमाने में संकीर्ण समाज की दृष्टि में विलायत जाना धर्म से एकदम च्युत हो जाना माना जाता था। विदेश से लौटने पर वे अलग, अपने मकान के बैठकखाने वाले हिस्से में रहा करते थे— क्योंकि अपने परिवार के कट्टर लोगों के धार्मिक विश्वास को वे ठेस नहीं पहुँचाना चाहते थे।

जब द्वारकानाथ टैगोर 1844 में दोबारा विलायत गए, तब अपने खर्चे से कुछ बंगाली छात्रों को डॉक्टरी की शिक्षा दिलवाने के लिए अपने साथ ले गए थे। वे यूरोप में बड़े ठाठ-बाट और शान-शौकत से रहते थे। उनके रहन-सहन का अंदाज देखकर यूरोप के लोग चकित थे और उन्हें वे 'प्रिंस द्वारकानाथ' कहकर पुकारते थे। 1846 में 51 वर्ष की उम्र में द्वारकानाथ टैगोर का देहांत हो गया।

द्वारकानाथ के ज्येष्ठ पुत्र देवेंद्रनाथ टैगोर रवींद्रनाथ के पिता थे। उनकी

माता दिगंबरी देवी धार्मिक अनुष्ठानों में गहरी आस्था रखती थीं। जब उनके पति द्वारकानाथ टैगोर ने अंग्रेजों के साथ खान-पान आरंभ कर दिया, तब उन्होंने पति के साथ पूरी तरह संबंध-विच्छेद कर लिया और मरते दम तक वे पति के संपर्क से अलग रहीं। द्वारकानाथ के चार पुत्रों में देवेंद्रनाथ ही दीर्घजीवी हुए, शेष छोटी उम्र में चल बसे।

देवेंद्रनाथ का विवाह सत्रह वर्ष की उम्र में 1834 में खुलना के रायचौधरी रामनारायण की पुत्री शारदा देवी के साथ हुआ। उस समय शारदा देवी की उम्र केवल सात वर्ष की थी।

देवेंद्रनाथ का आरंभिक जीवन कुछ विचित्र विरोधाभासपूर्ण परिस्थितियों में बीता। एक ओर उनके पिता द्वारकानाथ टैगोर अंग्रेजों के निकट संपर्क में आने के कारण यूरोपीय रहन-सहन और आचार-व्यवहार को अपनाए हुए थे, दूसरी ओर उनके घर के भीतर कट्टर वैष्णव धर्म का माहौल बना हुआ था। घर की चारदीवारी के भीतर मांस का प्रवेश वर्जित था, मद्य का तो सवाल ही पैदा नहीं होता था। देवेंद्रनाथ की पितामही अलका देवी और माता दिगंबरी देवी अत्यंत तेजस्विनी थीं और द्वारकानाथ की तनिक भी ज्यादती को सहन करने के लिए किसी भी हालत में तैयार नहीं थीं। इसी कारण द्वारकानाथ को बैठकखाने में रहने के लिए मजबूर होना पड़ा, घर के अंदर उनकी पहुँच नहीं रह गई थी। बचपन में देवेंद्रनाथ पर पितामही का गहरा प्रभाव पड़ा। बाद में पिता के साथ उन्हें धनी अंग्रेजों के यहाँ आने-जाने और उनके भोजों तथा सामाजिक उत्सवों में शामिल होने का मौका मिला। इस तरह उनके आचार-व्यवहार में भी परिवर्तन आने लगा। धीरे-धीरे वे विलासिता में डूब गए। 21 वर्ष की उम्र तक उन्होंने विलासितापूर्ण जीवन जिया। उसके बाद जब उनकी पितामही अलका देवी का देहांत हुआ तो अचानक उस तरुण अवस्था में ही उनके मन में वैराग्य की भावना पैदा हो गई। यह भावना हालाँकि श्मशान में ही पैदा हुई थी, मगर वह महज श्मशान-वैराग्य नहीं था। उनका आत्म-चरित पढ़ने से पता चलता है कि उस भावना का प्रभाव उनके परवर्ती जीवन पर किसी-न-किसी रूप में बना रहा।

जब उनके पिता द्वारकानाथ का देहांत हुआ तब अचानक पता चला कि वे लगभग 30 लाख रुपए का कर्ज छोड़ गए हैं। द्वारकानाथ कुछ ऐसी कानूनी व्यवस्था करके मरे थे कि उनके लड़कों पर उस कर्ज का दायित्व नहीं आता था, पर देवेंद्रनाथ ने धीरे-धीरे सारा कर्ज चुका दिया। तभी से वे महर्षि कहे जाने लगे।

महर्षि शास्त्रों और दर्शनों के अध्ययन की ओर प्रेरित हुए। उन्होंने नियमित रूप से संस्कृत सीखना आरंभ कर दिया और पश्चिमी दार्शनिकों की कृतियों का अध्ययन करने लगे। उन दिनों बंगाल के तरुण छात्रों पर रूसो और वाल्टेयर के क्रांतिकारी विचारों का गहरा प्रभाव पड़ा हुआ था और निरीश्वरवादी अंग्रेज दार्शनिकों के मत का प्रचार नव-शिक्षित बंगाली समाज में जोर-शोर के साथ हो रहा था। कुछ समय तक देवेंद्रनाथ भी इस तरह के विचारों से प्रभावित रहे, पर उनके भीतर एक ऐसा संस्कार छिपा हुआ था। जो उन्हें वास्तविक ज्ञान के मूल तक पहुँचाए बिना शांत नहीं हो सकता था। उन्होंने पंडितों की सहायता से मूल महाभारत का अध्ययन पूरी लगन के साथ शुरू कर दिया। उस समय तक उनके भीतर ईश्वरीय सत्ता के प्रति आस्था का भाव पैदा नहीं हुआ था, फिर भी एक स्वतंत्र जिज्ञासा की भावना उनके मन में विद्यमान थी। नतीजा यह हुआ कि धीरे-धीरे वे ईश्वर की सर्वव्यापी सत्ता पर गहरा विश्वास करने लगे। इसके साथ ही राजा राममोहन राय की तरह वे मूर्तिपूजा के घोर विरोधी हो गए। उन्होंने अपने भाइयों के साथ एक दिन प्रतिज्ञा की कि वे किसी मूर्ति को प्रणाम नहीं करेंगे।

उसके बाद वे 'सर्वतत्त्वदीपिका' नामक एक सभा के सदस्य बन गए। इस सभा में धर्म के सिद्धांतों पर बहस हुआ करती थी। उन दिनों किसी भी सभा में अंग्रेजी में ही वाद-विवाद करने का चलन था, मगर देवेंद्रनाथ तथा उनके साथियों ने फैसला किया कि उक्त सभा की बहस बाँगला भाषा में ही होगी, अंग्रेजी में नहीं।

एक दिन ईशोपनिषद् का एक फटा हुआ पन्ना कहीं से देवेंद्रनाथ के हाथ लग गया। उस पन्ने में यह मंत्र छपा था—

ईशावास्यमिदं सव यत्किञ्च जगत्यां जगत्।
तेन त्यक्तेन भुञ्जीथा मा गृधः कस्यस्विद्धनम्॥

इस मंत्र का भावार्थ समझने केलिए वे पंडितों के पास गए और अर्थ सुनकर अत्यंत प्रभावित हुए। तब से उन्होंने उपनिषदों का नियमित अध्ययन आरंभ कर दिया। 1839 में केवल 22 वर्ष की उम्र में उन्होंने अपने ही घर में 'तत्त्वरंजिनी सभा' की स्थापना की, जिसका नाम बाद में बदलकर, तत्त्वबोधिनी सभा रखा गया। इस सभा का उद्देश्य गंभीर धार्मिक विषयों पर चर्चा करना था।

उन दिनों बंगाल में एक ओर ईसाई धर्म का प्रचार जोर-शोर के साथ हो रहा था, दूसरी ओर कट्टर हिंदू पंडितगण हिंदू धर्म के महान् तत्त्वों की उपेक्षा करके उसकी विकृतियों की महत्ता का प्रचार कर रहे थे, तीसरी ओर हिंदू कॉलेज के छात्र धर्म का मजाक उड़ाते हुए नास्तिकवाद और उच्छृंखलता के मार्ग पर कदम बढ़ा रहे थे। ऐसी अस्त-व्यस्त परिस्थिति में देवेंद्रनाथ ने वास्तविक हिंदू संस्कृति की रक्षा का संकल्प लिया। तत्त्वबोधिनी सभा तथा तत्त्वबोधिनी पत्रिका की सहायता से वे राजा राममोहन राय द्वारा प्रवर्तित ब्रह्म समाज का प्रचार करने में जुट गए। राममोहन की मृत्यु के बाद ब्रह्म समाज की दशा अत्यंत शोचनीय हो गई थी। देवेंद्रनाथ ने उसके भीतर नई प्राणशक्ति का संचार करने का निश्चय किया। 23 दिसंबर, 1843 को वे ब्रह्म समाज में औपचारिक रूप से दीक्षित हो गए। तब से वे अनवरत ब्रह्म समाज के उद्धार, विकास और प्रचार में तन-मन-धन से जुटे रहे।

राजा राममोहन राय के समय में ब्रह्म समाज मंदिर में खुलकर वेदपाठ नहीं होता था—इस आशंका से कि कहीं किसी अब्राह्मण के कानों में वे पवित्र मंत्र प्रविष्ट न हो जाएँ। देवेंद्रनाथ ने घोषणा की कि अब से मंदिर में खुले तौर पर वेदपाठ होगा। राममोहन राय ने जिस एकेश्वरवादी धर्म का प्रवर्तन किया था, उसका नाम उन्होंने 'वेदांत-प्रतिपाद्य धर्म' रखा था। देवेंद्रनाथ ने ही पहले पहल उसे 'ब्रह्म समाज' के नाम से प्रचारित किया।

देवेंद्रनाथ बाहर जिस 'पौत्तलिकता' (मूर्तिपूजा) का घोर विरोध कर रहे

थे, उनके घर के भीतर महिलाएँ उस समय भी मूर्तिपूजा करने में जुटी हुई थीं। अपने ही घर के भीतर इस विरोधाभास से देवेंद्रनाथ अत्यंत व्यथित थे।

1858 में उनका परिचय 20 वर्षीय प्रतिभाशाली युवक केशवचंद्र सेन के साथ हुआ। केशवचंद्र ब्रह्म समाज के प्रबल और उत्साही समर्थक के रूप में सामने आए। उनके उत्साह से प्रभावित होकर देवेंद्रनाथ के भीतर से द्वंद्व और असमंजस का भाव दूर हो गया और उन्होंने परिवार की महिलाओं की धार्मिक भावना की तनिक भी परवाह नहीं करते हुए युगों से चली आ रही लक्ष्मी-जनार्दन की युगल मूर्ति की पूजा घर के भीतर वर्जित कर दी। उनकी विधवा भ्रातृवधू (गिरींद्रनाथ की पत्नी) ने उन मूर्तियों को फेंकने नहीं दिया और उनका भार स्वयं ग्रहण करके वे घर के बाहर अपने स्वर्गीय ससुर द्वारकानाथ के बैठकखाने में जाकर रहने लगीं।

1859 में केशवचंद्र सेन के सहयोग से ब्रह्मविद्यालय की स्थापना हुई। वहाँ केशवचंद्र अंग्रेजी में और देवेंद्रनाथ बाँगला में भाषण दिया करते थे। उन दिनों केशवचंद्र देवेंद्रनाथ के साथ ही उनके जोड़ासांको वाले भवन में रहते थे। 1860 में देवेंद्रनाथ ने अपनी पुत्री सुकुमारी देवी का विवाह परंपरा के विरुद्ध अपने नए धर्ममत के अनुसार किया। कट्टरता के उस युग में यह बहुत बड़े साहस का काम था। इस प्रकार तत्कालीन हिंदू समाज से उनका रहा-सहा संबंध भी खत्म हो गया।

पर तब तक महर्षि को यह पता नहीं था कि नई पीढ़ी प्रगतिशीलता के मामले में उनको भी बहुत पीछे छोड़ देगी और उन्हें प्रतिक्रियावादी करार देकर बहुत आगे निकल जाएगी। कुछ ही समय बाद उन्हें महसूस हुआ कि युवक केशवचंद्र जिस तेजी से हिंदू धर्म की परंपरा की जड़ पर कुठाराघात कर रहे थे, उससे केवल हिंदू धर्म ही नहीं, ब्रह्म समाज के मूल तत्त्व भी छिन्न-भिन्न हो रहे थे। धीरे-धीरे दोनों के बीच मतभेद बढ़ता गया।

असल बात यह थी कि देवेंद्रनाथ को जिस सामाजिक तथा पारिवारिक कट्टरता और रूढ़िवादिता की दलदल से धीरे-धीरे ऊपर उठना पड़ा था, उसका ठोस ज्ञान केशवचंद्र को नहीं था। देवेंद्रनाथ ने बहुत सी बातों में मूलगत सुधार

अवश्य किए थे, मगर अभी बहुत सी ऐसी बातें बची हुई थीं जिनमें आमूल परिवर्तन करने की उनमें न तो प्रवृत्ति थी और न ही साहस था। उदाहरण के लिए, हिंदू धर्म की जाति भेद प्रथा को वे किसी-न-किसी रूप में अभी तक मानते थे। ब्राह्मणेतर को ब्रह्ममंदिर में वेदी ग्रहण करने का अधिकार है—यह बात उन्होंने स्वीकार नहीं की। यज्ञोपवीत्-धारण को वे ब्रह्म समाज का जरूरी अंग मानते थे। स्त्री-स्वतंत्रता के मामले में भी वे रूढ़िवादी विचारों के पक्षपाती थे। उनके परिवार में छोटी उम्र में लड़कियों का विवाह करने का चलन था। उनके सबसे छोटे पुत्र रवींद्रनाथ का विवाह ग्यारह वर्ष की लड़की से हुआ था, तब रवींद्रनाथ स्वयं 23वाँ वर्ष पार कर चुके थे। अंतरजातीय विवाह का भी वे समर्थन नहीं करते थे। हालाँकि टैगोर परिवार को उच्च कोटि का ब्राह्मण नहीं समझा जाता था, फिर भी देवेंद्रनाथ ने अपने पुत्रों और पुत्रियों का विवाह धन-बल के सहारे उच्च कुल के ब्राह्मण परिवारों में करवाया। किसी ब्राह्मणेतर परिवार के साथ टैगोर परिवार के किसी सदस्य का वैवाहिक संबंध स्थापित नहीं हुआ था।

पर केशवचंद्र कायस्थ थे और हिंदू कॉलेज (जो बाद में प्रेसीडेंसी कॉलेज के नाम से मशहूर हुआ।) के छात्र रह चुके थे। वे ईसाई धर्म से भी काफी प्रभावित हो चुके थे। वे हिंदू धर्म की किसी भी रूढ़िवादी प्रथा का प्रभाव ब्रह्म समाज में देखना नहीं चाहते थे। यही वजह थी कि देवेंद्रनाथ के साथ उनका मतभेद बढ़ता गया था। 1866 में केशवचंद्र देवेंद्रनाथ से अलग हो गए और उन्होंने 'भारतवर्षीय ब्रह्म समाज' के नाम से एक नई ब्रह्म मंडली की स्थापना की। देवेंद्रनाथ की अगुवाई वाले समाज को 'आदि ब्रह्म समाज' कहा जाने लगा। बाद में एक तीसरा गुट भी 'साधारण ब्रह्म समाज' के नाम से आकार में आ गया।

केशवचंद्र सेन की प्रतिभा, लगन और उत्साह को देखकर देवेंद्रनाथ उन्हें पुत्र के समान स्नेह देते थे। उन्हें उम्मीद थी कि उनके बाद केशवचंद्र ही उनके कार्य को आगे बढ़ाएँगे। वे ब्रह्म समाज के उज्ज्वल भविष्य को लेकर निश्चिंत थे, पर जब केशवचंद्र वैचारिक मतभेद के चलते उनसे अलग हो गए तो महर्षि

काफी व्यथित हुए। वे उसी समय से एक परिव्राजक का जीवन व्यतीत करने लगे। जनवरी 1905 में 88 साल की उम्र में उनका देहांत हो गया।

देवेंद्रनाथ की पत्नी और रवींद्रनाथ की माता शारदा देवी ने पंद्रह संतानों को जन्म दिया, जिनमें से एक पुत्री नामकरण संस्कार होने से पहले ही गुजर गई। उनके पुत्रों की संख्या नौ थी, जिनका क्रम इस प्रकार है— 1. द्विजेंद्रनाथ 2.सत्येंद्रनाथ 3. हेमेंद्रनाथ 4. वीरेंद्रनाथ 5. ज्योतिरिंद्रनाथ 6. पूर्णेंद्रनाथ 7. सोमेंद्रनाथ 8. रवींद्रनाथ 9. बुधेंद्रनाथ।

इनमें द्विजेंद्रनाथ काव्य, शास्त्र, दर्शन, संगीत और गणित के बहुत बड़े पंडित थे। दर्शन-विषयक उनकी कई रचनाएँ मशहूर हुईं। 'स्वप्नप्रयाण' शीर्षक से एक सुंदर काव्य भी उन्होंने लिखा था, जिसे पढ़कर रवींद्रनाथ बचपन में बहुत प्रभावित हुए थे और कविता लिखने के लिए प्रेरित हुए थे।

सत्येंद्रनाथ भारत के प्रथम आई. सी. एस. थे। उन्हें ज्यादातर समय बंबई प्रांत में गुजारना पड़ा था। रवींद्रनाथ ने भी कई बार उनके साथ बंबई प्रवास किया था।

तृतीय पुत्र हेमेंद्रनाथ ने अपने छोटे भाइयों को बाँगला भाषा सिखाने का व्रत लिया था। देवेंद्रनाथ के चौथे पुत्र वीरेंद्रनाथ उन्माद रोग से ग्रस्त थे। पाँचवें पुत्र ज्योतिरिंद्रनाथ ने रवींद्रनाथ को साहित्यिक जीवन की शुरुआत में महत्त्वपूर्ण सहयोग किया था।

छठे पुत्र पूर्णेंद्रनाथ की मृत्यु बचपन में ही तालाब में डूबने की वजह से हो गई थी। सातवें पुत्र सोमेंद्रनाथ बचपन में ही वायुरोग से ग्रस्त हो गए थे। आठवें पुत्र रवींद्रनाथ थे। नौवें पुत्र बुधेंद्रनाथ जन्म के कुछ महीने बाद ही चल बसे थे।

देवेंद्रनाथ की पुत्रियों के नाम इस प्रकार हैं : सौदामिनी, सुकुमारी, शरत् कुमारी, स्वर्णकुमारी और वर्णकुमारी। इनमें स्वर्णकुमारी देवी बंगाल की पहली उपन्यास—लेखिका थीं। उन्होंने कई नाटक, प्रहसन और कविताओं का भी सृजन किया था।

□

आरंभिक चरण

रवींद्रनाथ का जन्म कलकत्ता में संवत् 1918 में वैशाख मास की कृष्ण त्रयोदशी के दिन सोमवार को अर्द्धरात्रि के बाद हुआ। अंग्रेजी हिसाब से 7 मई, 1861 मंगलवार उनका जन्मदिन माना जाता है। अर्द्धरात्रि के बाद जन्म होने से अंग्रेजी हिसाब से एक दिन का अंतर पड़ जाता है।

रवींद्रनाथ ने 'मेरे बचपन के दिन' नामक पुस्तक में अपने बचपन का बड़ा मनोरंजक वृत्तांत लिखा है। उससे ज्ञात होता है कि उनका बचपन उतना स्वच्छंद भी न हो सका था, जितना कि किसी साधारण बच्चे का होता है। महर्षि धार्मिक आंदोलनों के कारण प्रायः घर से अनुपस्थित रहा करते थे। रवींद्रनाथ की माता अस्वस्थ रहती थीं, इसीलिए बालक रवींद्र की देख-रेख का पूरा भार नौकरों पर छोड़ दिया गया था। नौकर जैसा कि उनका स्वभाव होता है, परिश्रम से बचने का अधिक-से-अधिक प्रयत्न करते। उन्हें यह पसंद नहीं था कि बालक रवींद्र महल से बाहर घूमें-फिरें और वे उनके पीछे-पीछे लगे रहें, इसलिए वे उन्हें बाहर निकलने ही नहीं देते थे। इस प्रकार जोड़ासांको की दीवारों से बाहर की दुनिया भी बालक रवींद्र के लिए आकर्षण की वस्तु थी। वे उसे देखने को सदैव लालायित रहते। श्याम नामक जो मुख्य नौकर उनकी देखरेख के लिए नियुक्त किया गया था, उसका बर्ताव उनके साथ और भी कठोर था। वह उन्हें महल के किसी कमरे में बिठाकर उनके चारों ओर खड़िया से एक रेखा खींच देता और डाँटकर कह देता कि

इस परिधि से बाहर निकलने में तुम्हारी खैर नहीं है।

डर के मारे रवींद्र वहीं बैठे रहते, जब तक वह नौकर वहाँ से हटने की आज्ञा न देता। वह आज्ञा भी बड़ी देर से मिलती, क्योंकि वह नौकर भी, जैसा कि स्वाभाविक है, उन्हें उस घेरे में बाँधकर स्वयं कहीं गपशप करने या बाजार की सैर करने चला जाता और वहाँ से जब जी चाहता, लौटता। इसका नतीजा यह हुआ कि रवींद्र की प्रवृत्ति बचपन से ही अंतर्मुखी हो गई। वे बाहर की दुनिया के दृश्य एकांत में बैठे-बैठे अपने मन के दर्पण में ही देखा करते। घर के पास ही एक नहाने का तालाब था। कमरे की खिड़की से वे उस तालाब में नहाने के लिए आने वाले व्यक्तियों को ध्यानपूर्वक प्रतिदिन देखा करते। तालाब के पश्चिमी तट पर एक वृक्ष था और दक्षिणी तट पर नारियल के वृक्षों की कतार थी। बालक रवींद्र देखते कि नहाने वाले विविध प्रकार के हैं। उनमें से कोई ऐसा था, जो जल में प्रवेश करने का साहस न करके एक भीगे तौलिए से शरीर पौंछ लिया करता और स्नान के इसी संक्षिप्त संस्करण से अपने को पवित्र कर लेता। कोई जल में प्रवेश करके पहले धीरे से ऊपर की काई और कूड़े को एक ओर हटाता, फिर जोर से पानी में हिलोर देकर डुबकी लगाता। कुछ लोग ऐसे भी थे जो तालाब की सबसे ऊपरवाली सीढ़ी पर से धम्म से जल में कूद पड़ते और घंटों उसमें जल विहार करते। कुछ धीरे-धीरे मंत्रों का उच्चारण करते हुए जल में उतरते और फिर इत्मीनान के साथ स्नान करते। स्नान करते हुए भी किसी स्तोत्र का पाठ जारी रहता। एक व्यक्ति ऐसा भी था, जो प्रतिदिन स्नान करने में घंटों का समय लगाता था। वह पहले अपने वस्त्रों को धोकर सुखाता, फिर स्नान करके अपने शरीर को सुखाता, तब सावधानी से उन धुले वस्त्रों को धारण करता, फिर महल के बाहर के बाग से कुछ फूल चुनकर शांति और संतोष के साथ वहाँ से विदा होता। अंत में दोपहर के समय जब घाट सूना हो जाता, तब रवींद्रनाथ बरगद के नीचे के दृश्य को ध्यान से देखते। वट वृक्ष ने अपने अनेक हाथ मानो अपनी सत्ता को अनंत काल तक के लिए बद्धमूल रखने के लिए भूमि के अंक में फैला दिए थे। वह स्थान उन्हें बड़ा रहस्यमय प्रतीत होता था।

यही नहीं कि उन्हें घर के बाहर निकलने की रुकावट थी, घर के भीतर भी वे सभी स्थानों पर नहीं जा सकते थे। इतने बंधनों के होते हुए भी उनका मन आनंद के मुक्त गगन में विहार करता रहता था। वे खिड़कियों से प्रकृति का आकर्षक स्वरूप देखा करते। घर के परिसर में एक छोटा सा बाग था, उसमें एक पेड़ मिट्ठे का था, एक बेर का, एक आँवले का और एक नारियल का। यह बाग रवींद्रनाथ को स्वर्ग जैसा प्रतीत होता। सवेरे आँख खुलते ही वे इस बाग में पहुँच जाते। कभी ओस से भीगी घास की गंध उन्हें मुग्ध करती, कभी नारियल के पत्तों से छनकर आने वाली सुबह की धूप उन्हें आनंद विभोर कर देती।

दोपहर का सन्नाटा रवींद्रनाथ के लिए अनोखा आकर्षण लेकर आता। उस समय सुनसान सड़क की तरफ देखते हुए वे न जाने कितनी कल्पनाएँ किया करते। मस्तक पर नीले विस्तृत आकाश, उसमें प्रदीप्त सूर्य की किरणें, बीच-बीच में चील का कर्कश स्वर, सड़क पर फेरीवालों की पुकार 'लो चूड़ियाँ, 'लो खिलौने' आदि सब दृश्य एक रूप होकर उनके मन को किसी अज्ञात लोक की तरफ खींचकर ले जाते।

मामूली नजर आने वाली चीजें भी उन्हें बड़ी रहस्यमयी प्रतीत होतीं या उनकी दृष्टि ही ऐसी थी जो केवल बाहरी आवरण पर न अटककर किसी भी चीज के आंतरिक क्षेत्र को छूने का प्रयत्न करती थी। बरामदे के एक किनारे शरीफे का एक बीज बोकर वे प्रतिदिन उसे सींचा करते। जिस समय उन्हें इस बात की याद आती कि इसी बीज से वृक्ष तैयार हो सकता है तो उन्हें कितना आनंद आता— वे आश्चर्य लोक में डूब जाते। कई दिनों तक वे केवल इसी विषय पर विचार करते रह जाते कि पृथ्वी के ऊपर के भाग को तो मैं देख रहा हूँ, परंतु इसके नीचे का हिस्सा न जाने कैसा होगा। वे इस बात की न जाने कितनी कल्पना किया करते कि पृथ्वी के ऊपर के मटमैले रंग को किस प्रकार खोदकर फेंक सकते हैं। वे सोचते कि अगर एक-एक कर बाँसों को गाड़ा जाए तो शायद धरती की तह का पता चल सकता है।

अपने महल के विषय में भी उनके विचार बड़े रहस्यमय थे। वे लिखते

हैं— "अंत:पुर जो बाहर से देखने में बंदीगृह लगता है, मेरी नजरों में स्वच्छंदता का आगार था। न वहाँ स्कूल था, न पंडित, न किसी को अपनी इच्छा के विपरीत ही कुछ करने को वहाँ बाध्य होना पड़ता था। जिसकी जैसी इच्छा होती, खेलता, गपशप करता या आराम करता। किसी को अपने काम का हिसाब देने की जरूरत नहीं थी। मेरे साथ मेरी एक छोटी बहन भी पढ़ती थी नीलकमल पंडित की कक्षा में, पर वह चाहे अपना पाठ तैयार करे या न करे, उससे कोई कुछ कहता नहीं था।"

घर पर रखे गए ट्यूटरों, नौकरों के कठोर शासन और चारों ओर के अवरुद्ध वातावरण ने बालक रवींद्र का हृदय क्षुब्ध कर दिया। वे इस बंधन से मुक्त होने के बारे में सोचने लगे। उन्हीं दिनों उन्हें स्कूल में दाखिला दिला दिया गया। इससे उन्हें कुछ संतोष मिला, क्योंकि वहाँ रहने पर घर के नौकरों के बंधन से कुछ राहत मिली, मगर वहाँ के माहौल का उनके ऊपर प्रतिकूल प्रभाव पड़ा। स्कूल के शिक्षक उनकी ओर पर्याप्त ध्यान नहीं देते थे। इसके बाद उन्हें नॉर्मल स्कूल में भरती कर दिया गया।

नॉर्मल स्कूल में उन्होंने देखा कक्षा शुरू होने से पहले स्कूल के छात्र एक पंक्ति में खड़े होकर स्तोत्र की तरह एक अंग्रेजी कविता का पाठ करते हैं। न वे जानते हैं कि उस कविता का क्या अर्थ है और न अध्यापकगण उस कविता का अर्थ समझाते हैं। यह देखकर उन्हें बुरा लगा, फिर भी वे वहाँ कुछ दिनों तक अध्ययन करते रहे। उनकी आयु उस समय सात-आठ साल की थी, फिर भी अनुभव शक्ति अत्यंत प्रबल थी। हालाँकि वे अपने मुँह से कुछ नहीं कहते मगर मन-ही-मन स्कूल की त्रुटियों को भाँप रहे थे। कक्षा में सबसे पीछे खोए-खोए अंदाज में बैठे रहते।

एक बार उन्होंने एक अध्यापक को किसी छात्र के प्रति दुर्व्यवहार करते हुए देखा तो उस अध्यापक से चिढ़ने लगे। अध्यापक के किसी भी सवाल का जवाब देना उन्होंने बंद कर दिया। अध्यापक भी उनसे चिढ़ने लगा।

उधर मास्टर साहब पढ़ाने खड़े होते, इधर बालक रवींद्रनाथ अपने

मनोराज्य में विचरण करने लगते—'अच्छा तो मैं निरस्त्र हूँ, यदि मेरे ऊपर बहुत सारे शत्रु टूट पड़ें तो मैं अपनी रक्षा किस प्रकार करूँगा?' और फिर स्वयं ही इसका उत्तर देते, बाल सुलभ कल्पना के द्वारा और सुनी-सुनाई कहानियों के आधार पर—'यदि सिंहों, बाघों, रीछों, कुत्तों और भेड़ियों को प्रशिक्षित कर दिया जाए और उन्हें अग्र पंक्ति में खड़ा करके लड़ाई शुरू होने पर शत्रु पर हमला करने के लिए कहा जाए तो शत्रु-सेना में कैसी भगदड़ मचे;' कक्षा में पढ़ाई चलती और रवींद्र इस व्यूह रचना की कल्पना में डूबे रहते।

अध्यापक भी उस विद्रोही छात्र के प्रति सतर्क थे। उन्होंने निश्चय कर रखा था कि वार्षिक परीक्षा के अवसर पर इसे ऐसा सबक सिखाऊँगा कि जीवन भर याद रखेगा, परंतु सबको अत्यंत आश्चर्य हुआ, जब परीक्षा में रवींद्रनाथ के नंबर सबसे अधिक आए।

कल्पना के उन्मुक्त गगन में विहार करनेवाले इस बालक को स्कूल का पिंजड़ा पसंद नहीं था और वह उससे छुटकारा पाने के लिए तरह-तरह के उपाय करने लगा। साथी लड़कों ने बताया—जूते को पानी में भिगोकर पहने रहो, जुकाम हो जाएगा, सिरदर्द भी हो जाएगा और संभव है बुखार भी हो जाए। स्कूल आने से छुट्टी मिल जाएगी। यह सब किया और यही क्यों, आश्विन-कार्तिक की रातों में घंटों बाहर खुली छत की ओस में लेटकर देखा गया, पर स्कूल से छुटकारा नहीं मिला।

उन दिनों की दिनचर्या इस प्रकार थी— बालक रवींद्रनाथ तड़के ही जाग जाते और कुश्ती लड़ने का अभ्यास करते। कलकत्ता का मशहूर काना पहलवान उनको कुश्ती सिखाने के लिए नियुक्त किया गया था। कुश्ती के अंत में अखाड़े की मिट्टी से लथपथ होकर रवींद्र घर के भीतर जाते। माता को उनका यह रूप पसंद नहीं आता। उन्हें भय था कि कहीं इस प्रकार मिट्टी से लिपे-पुते रहने के कारण उनका गोरा शरीर साँवला न हो जाए, इसीलिए वे उबटन लगाकर अपने पुत्र के शरीर को अच्छी तरह साफ करती थीं। रविवार के दिन यह मर्दन अन्य दिनों की अपेक्षा कुछ अधिक हुआ करता।

अखाड़े से निवृत्त होते ही मेडिकल स्कूल का एक छात्र बालक रवींद्र को शरीर विज्ञान की जानकारी देता था। दीवार पर अस्थिपंजर लटका रहता और वह भावी डॉक्टर रवींद्र को शरीर शास्त्र की बारीकियाँ समझाता रहता था।

घड़ी में जैसे ही सात बजते, दुबले-पतले मास्टर नीलकमल आते हुए नजर आते। वे अपने समय के बड़े पाबंद थे, हालाँकि शरीर से दुबले-पतले थे, मगर कभी बीमार नहीं पड़ते थे। वे रवींद्र को बाँगला, अंकगणित, बीजगणित और रेखा गणित पढ़ाया करते, पर रवींद्र की रुचि कविता की ओर अधिक थी। बीच-बीच में मास्टर सीतानाथ दत्त आकर विज्ञान पढ़ाते थे। कुछ दिनों के बाद हेरंब तत्त्वरत्न संस्कृत व्याकरण पढ़ाने के लिए नियुक्त किए गए और उन्होंने रवींद्र को मुग्धबोध पढ़ाना शुरू किया, परंतु अध्ययन का बोझ जैसे-जैसे बढ़ता गया, रवींद्र के मन में पढ़ाई के प्रति विरक्ति बढ़ती गई। उनका मन कविता और संगीत की तरफ आकर्षित होता था। घर पर उन दिनों, संगीत की अविरल धारा प्रवाहित होती रहती। उनके बड़े भाई हेमेंद्रनाथ की दो बेटियाँ संगीत सीख रही थीं। इधर घर में दो परदेशी अतिथि भी कुछ दिनों से स्थायी रूप से अड्डा जमा चुके थे। वे दोनों संगीत के जानकार व्यक्ति थे। नौ बजे गोविंद नामक नौकर आ जाता और रवींद्र को स्नान करवाने के लिए ले जाता। साढ़े नौ बजे भोजन करने के बाद वे दस बजे घोड़ा गाड़ी पर सवार होकर स्कूल पहुँच जाते। साढ़े चार बजे स्कूल की छुट्टी होती थी। घर पहुँचते तो जिमनास्टिक का शिक्षक उनका इंतजार कर रहा होता। आधा घंटे उन्हें कसरत करनी पड़ती थी। इसके तुरंत बाद ड्राइंग मास्टर आ जाते। शाम होते ही मास्टर अघोर अंग्रेजी पढ़ाने के लिए आते। पढ़ते-पढ़ते नींद सताने लगती। जितना पढ़ते, उतना भूल जाते। इस प्रकार सुबह से रात दस बजे तक उन्हें व्यस्त रहना पड़ता था। इस अवधि में उन्हें घंटे भर का भी अवकाश नहीं मिलता था।

बचपन के बारे में उन्होंने स्वयं लिखा है—"उन दिनों शहर में गैस नहीं थी, न बिजली की बत्तियाँ। जब पहले-पहल घासलेट का तेल आया,

तब उसके प्रकाश ने हम सबको चकाचौंध कर दिया। शाम को परिचारक घर में रेंड़ी के तेल के दीये जला देते थे। एक दीया हमारे पढ़ने के कमरे में भी रहता था। उसमें दो बत्तियाँ डाली जाती थीं। इसी के धुँधले प्रकाश में मुझे मास्टर महाशय प्यारे सरकार लिखित पहली पोथी पढ़ाया करते थे। किताब खोलते ही मुझे जँभाई आने लगती और आँखें नींद से बोझिल होने लगतीं। मैं बार-बार अपनी आँखें मींचता, मगर नींद पीछा छोड़ने का नाम नहीं लेती थी। बीच-बीच में मुझे मास्टर साहब के एक अन्य सुयोग्य शिष्य सतीन की प्रशंसा भी सुनने को मिलती, जिसने ऐसा गजब का दिमाग पाया था कि उसके समान मेधावी बालक शायद ही कलकत्ता में दूसरा होगा। उसे जब नींद लगती, तब वह आँखों में सुरती मल लिया करता और इस प्रकार कभी-कभी तो वह रात-रात भर पढ़ता ही रह जाता। ऐसा होनहार विद्यार्थी था वह और मैं? मेरे बारे में कुछ कहना ही बेकार था। मास्टर साहब का विचार था कि अपने कुल में सबसे मंदबुद्धि मैं ही रहूँगा, पर उनकी यह धमकी भी मेरी नींद पर कुछ असर नहीं करती और जैसे ही नौ बजते और मुझे छुट्टी मिलती, मैं तुरंत अंदर चला जाता था।

1873 में रवींद्र के भाई सोमेंद्र और एक भतीजे का यज्ञोपवीत संस्कार हुआ। इस अवसर पर महर्षि भी, जो उन दिनों या तो शांति-निकेतन में या किसी अन्य स्थान पर रहते थे, जोड़ासांको आ गए थे। अपनी देखरेख में ही उन्होंने यह अनुष्ठान संपन्न करवाया था और स्वयं संस्कार के अवसर पर वेद की ऋचाओं का पाठ किया था। संस्कार पद्धति के अनुसार उस समय तीनों भाइयों का मुंडन हुआ था और गायत्री का उपदेश दिया गया था।

रवींद्रनाथ लिखते हैं कि इस संस्कार में मेरे लिए सबसे अधिक आकर्षण की वस्तु थी—गायत्री का मंत्र। उसका तालमय पाठ मेरे हृदय में अपूर्व आनंद की सृष्टि कर देता था। इस अनुष्ठान के कुछ समय बाद महर्षि अपने पुत्र रवींद्र को नाव पर सवार कर भ्रमण के लिए ले गए। महर्षि के पुस्तक संग्रह में 'गीत गोविंद' की एक प्रति भी थी। उसका मुद्रण ठीक नहीं था, फिर भी स्वर और ताल के प्रति सजग रवींद्र इसके छंदों को विराम चिह्न न रहने पर भी

ठीक-ठीक पढ़ सकते थे।

इसी वर्ष महर्षि बालक रवींद्र को अपने साथ हिमालय की यात्रा पर ले गए। हिमालय पहुँचने से पहले दोनों कुछ समय शांति-निकेतन में ठहरे। बोलापुर के पास महर्षि ने 1863 में 20 बीघा जमीन खरीदकर बगीचा लगाया था। वहीं उन्होंने एक मकान बनवाया था और एक साधना भवन, जहाँ बैठकर वे ईश्वर का स्मरण किया करते थे। वहाँ का प्राकृतिक दृश्य बड़ा मनोरम था। थोड़ी दूर पर एक पतली सी सरिता बहती थी और समस्त वायुमंडल फूलों की सुगंध से पूर्ण रहता था। आदि ब्रह्म समाज के सदस्यों तथा शिष्यों से महर्षि यहीं वार्त्तालाप किया करते थे, यहीं वे अपने प्रिय शास्त्रों का अध्ययन किया करते थे। वहाँ रवींद्र को पूरी स्वतंत्रता प्राप्त थी। महर्षि उनके खेलकूद व सैर-सपाटे पर कोई रोक नहीं लगाते थे और न ही उन्हें कभी हतोत्साहित करते थे। रवींद्र के ऊपर वहाँ नौकरों का शासन नहीं था। चारों ओर मैदान-ही-मैदान था, जहाँ जी चाहता, अपनी मरजी से चारों ओर घूम सकते थे। बोलापुर के मैदान में कहीं-कहीं खाइयाँ भी थीं। वहाँ से तरह-तरह के पत्थर इकट्ठे करके अपने कपड़ों में भरकर वे पिता के पास ले आते। उन्हें देखकर महर्षि प्रसन्नतापूर्वक कहते कि ये बहुत सुंदर हैं। रवींद्र खुशी के मारे गद्‌गद होकर कहा करते कि ऐसे पत्थर. वहाँ हजारों हैं, मैं प्रतिदिन ला सकता हूँ। उनके पिता उत्तर देते कि यह तो बड़ा अच्छा है, इन पत्थरों से मेरे इस पहाड़ को तुम सजा दो।

वहीं एक खाई में एक स्थान पर गड्ढा था, वहाँ ऊपर से चू-चूकर पानी इकट्ठा होता और जब गड्ढा भर जाता, तब सारा पानी उफनकर बाहर आ जाता और गड्ढे में छोटी-छोटी मछलियाँ इधर-उधर खेलने लगतीं। यह देखकर रवींद्र प्रसन्न हो जाते और पिता के पास आकर कहते कि मैं जल की एक अच्छी सी धारा देखकर आया हूँ। अगर वहीं से हमारे स्नान करने और पीने का जल लाया जाए तो बड़ा अच्छा होगा। पिता भी उन्हें उत्साहित करने के लिए वहाँ से जल लाने का प्रबंध कर दिया करते थे।

वहाँ रवींद्रनाथ केवल घूमते ही नहीं थे, बल्कि कविता भी लिखा करते

थे। एक छोटे से नारियल के पेड़ के नीचे जमीन पर ही पालथी मारकर बैठ जाते और कई कविताएँ लिख लेते।

बोलापुर से रवाना होकर रवींद्रनाथ पिता के साथ साहेबगंज, दानापुर, इलाहाबाद, कानपुर आदि स्थानों की सैर करते हुए अमृतसर पहुँचे।

अमृतसर के गुरुद्वारे में रवींद्रनाथ से लेकर महर्षि प्राय: प्रतिदिन जाया करते और उनके धर्मग्रंथों का पाठ ध्यान से सुना करते। यही नहीं, वे सिखों के साथ उनकी धार्मिक पूजा में भी शामिल होते और स्वयं भी गुरु साहब के यशोगान में योग दिया करते। उनकी धार्मिक सहिष्णुता अनूठी थी और इस आदर्श का रवींद्रनाथ के जीवन पर गहरा प्रभाव पड़ा। कुछ दिन अमृतसर में ठहरने के बाद पिता-पुत्र हिमालय की तरफ रवाना हो गए और मनोहर घाटियों को पार करते हुए हिमालय के उच्च शिखर पर जा पहुँचे। वहाँ एक कुटी में उनके रहने का इंतजाम किया गया था। उससे कुछ नीचे वृक्षों का एक वन था, जिसमें विशाल वृक्ष वर्षों से सिर उठाए खड़े थे। झरनों का दृश्य अत्यंत मनोरम था। सुदूर ऊँचाई पर धवल हिमराशि और उस पर फिसलती हुई उषा की सुनहरी किरणें—ये दृश्य रवींद्रनाथ को आत्मविभोर कर दिया करते। यहीं उन्होंने प्रकृति की विलक्षणता का पाठ पढ़ा और यहीं उनके हृदय का सत्य, शिव और सुन्दरम् के साथ समन्वय हुआ। महर्षि अपने पुत्र के लिए शिक्षक की भूमिका भी निभा रहे थे। अन्य बंधन न होने पर भी अनुशासन का वहाँ सख्ती से पालन किया जाता था। मुँह अँधेरे ही पिता उन्हें जगा दिया करते और सवेरा होने से पहले रवींद्र कंबल ओढ़कर 'नर: नरौ, नरा:' याद किया करते। सूर्योदय होने पर पिता के साथ खड़े होकर उपासना करते, फिर दोनों बाहर घूमने के लिए निकल जाते। लौटकर एक घंटा अंग्रेजी पढते, फिर ठंडे पानी से स्नान करते। भोजन के बाद दोपहर में एक घंटा इन्हें पढ़ना पड़ता, पर इस समय नींद आने पर महर्षि इन्हें छुट्टी दे दिया करते। छुट्टी मिलते ही नींद भाग जाती और रवींद्र छड़ी लेकर पहाड़ों पर घूमते-फिरते। इन दिनों महर्षि ने रवींद्र को बाँगला साहित्य, इतिहास और ज्योतिष की भी शिक्षा दी। कुछ दिन वहाँ ठहरने के बाद पिता ने रवींद्र को कलकत्ता भेज दिया।

हिमालय से लौट आने के बाद रवींद्रनाथ को स्कूल की पढ़ाई कड़वी लगने लगी। उनके बड़े भाई उन्हें स्कूल भेजने के लिए समझाते-धमकाते, पर उनके ऊपर कोई प्रभाव नहीं पड़ता। आखिरकार परिवारवालों ने उन्हें उनकी स्वतंत्र इच्छा पर छोड़ दिया। अब उनके ऊपर नौकरों का शासन भी नहीं रह गया। जब घर की सारी स्त्रियाँ रवींद्र की माता के कमरे में जमा होतीं, तब रवींद्र एक उच्च आसन पर बैठकर सबको भ्रमण-कहानी सुनाया करते। यही नहीं, शाम के वक्त छत पर हवाखोरी करते समय जब माता का दरबार लगता, तब रवींद्र उस दरबार के मुख्य वक्ता बन जाते। पुत्र के मुख से भ्रमण की रोचक कथा सुनकर माँ पुलकित हो उठतीं।

इन्हीं दिनों बाँगला साहित्य से रवींद्रनाथ का प्रथम साक्षात्कार हुआ। बड़े भाई के पास 'विविधार्थ-संग्रह' नामक बाँगला मासिक आता था, इसे राजेंद्रलाल मित्र ने 1851 में निकाला था। बंकिमचंद्र चटर्जी का 'बंग दर्शन' मासिक भी रवींद्रनाथ को बहुत पसंद था। बंग दर्शन में वैज्ञानिक, दार्शनिक और ऐतिहासिक लेखों के अलावा साहित्यिक निबंध और पुस्तक समीक्षा का प्रकाशन किया जाता था। उन दिनों आर्य दर्शन में छपने वाले बिहारीलाल चक्रवर्ती के गीत भी उन्हें बहुत पसंद आते थे। उन्हीं के अनुकरण पर रवींद्रनाथ ने गीत लिखने का निश्चय किया था।

रवींद्रनाथ की साहित्यिक और कला की शिक्षा के लिए उनका घर ही सर्वश्रेष्ठ स्थान था। स्कूल की पढ़ाई छूट जाने पर उन्हें इस दिशा में ध्यान देने का पूरा अवसर मिला। घर में मशहूर साहित्यकार-कलाकार आते रहते थे। घर का माहौल पूरी तरह साहित्यिक था। संगीत तो वहाँ सबका प्रिय विषय था। चित्रकला और कविता की भी हमेशा चर्चा हुआ करती थी। परिवार का प्रत्येक सदस्य साहित्य की किसी-न-किसी विधा में कुछ जरूर लिखता था। कलकत्ता में उन दिनों मित्र-गोष्ठियों का बड़ा चलन था। इन गोष्ठियों को 'मजलिस' कहते थे। किसी प्रकार का गुणी व्यक्ति आ जाए, इस मजलिस में उसका स्वागत होता था।

8 मार्च, 1874 को रवींद्र की माता का देहावसान हो गया। उस समय रवींद्र

तेरह वर्ष के भी नहीं हुए थे। इस घटना के दो वर्ष बाद 'ज्ञानांकुर' नामक एक नए मासिक पत्र निकालने का निश्चय किया गया। इस पत्र में लिखने के लिए रवींद्रनाथ से भी कहा गया। उनका पहला लेख जो इस पत्र में निकला, 'भुवनमोहिनी' नामक एक पुस्तक की समीक्षा थी। इसके बाद उनकी 'वनफूल' नामक कविता भी इसमें प्रकाशित हुई। अगले साल ज्योतिरींद्रनाथ ने 'भारती' नामक पत्र का प्रकाशन शुरू किया। द्विजेंद्रनाथ टैगोर इसके संपादक बनाए गए और संपादकीय विभाग में रवींद्रनाथ भी रखे गए। इस पत्र में रवींद्रनाथ के कई लेख प्रकाशित हुए। 'कवि-काहिनी' नामक इनकी प्रसिद्ध रचना 'भारती' में ही प्रकाशित हुई थी।

1877 में रवींद्रनाथ की रचनाएँ 'भानुसिंहेर पदावली' शीर्षक से 'भारती' में प्रकाशित हुई। 1884 में यह पुस्तकाकार प्रकाशित हुई।

इन्हीं दिनों रवींद्रनाथ ने एक स्वदेशी सभा की स्थापना की। एक खंडहर में इस सभा की बैठक हुआ करती थी। सभापति थे वृद्ध राजनारायण वसु। वसु अपने समय के गिने-चुने विद्वानों में से एक थे, पर अपनी पकी हुई दाढ़ी और प्रगाढ़ विद्वत्ता लेकर भी वे लड़कों से हिल-मिलकर बच्चा बन जाया करते थे। दोपहर के वक्त सभी चुपके से घर से निकलते और बैठक आयोजित करते। बैठक की कार्यवाही भी गुप्त रखी जाती थी। उस सभा का उद्देश्य था देशी कारीगरी की उन्नति और देशी कारखानों की स्थापना। वहाँ पर होने वाली बहस का मुख्य विषय था—मशीनें और कारखाने।

एक बार सभा के सदस्यों ने दियासलाई बनाने का फैसला किया। अनेक प्रकार के परीक्षण किए गए। काफी प्रयत्न करने के बाद एक बक्सा बनकर तैयार हुआ, पर उसमें इतनी लागत लग गई, जिससे पूरा एक गाँव साल भर ईंधन का खर्च चल सकता था। इसके बावजूद एक कमी रह गई। आग से स्पर्श के बगैर तीली जलती नहीं थी।

टैगोर परिवार के सदस्यों के प्रयत्न से उन दिनों कलकत्ता में एक 'हिंदू मेला' भी लगाया जाता था। इस मेले में देसी रेशम और कपास आदि का प्रदर्शन हुआ करता था। गुणी लोगों को इसमें पुरस्कार भी मिलता था। इसके अलावा

साहित्य, संगीत और कला विषयों पर चर्चा भी होती थी। इसी मेले में सर्वप्रथम रवींद्रनाथ ने एक वृक्ष के नीचे खड़े होकर अपनी एक कविता सुनाई थी। यह देशप्रेम विषयक कविता थी। यह कविता रवींद्रनाथ टैगोर के नाम से अमृतबाजार पत्रिका में 25 फरवरी, 1875 को प्रकाशित हुई थी।

जब रवींद्रनाथ 17 साल के हुए, तब उनके बड़े भाई सत्येंद्रनाथ टैगोर ने उन्हें इंग्लैंड ले जाने का प्रस्ताव दिया और महर्षि ने इसे सहर्ष स्वीकार कर लिया। रवींद्रनाथ को भी इस समाचार से प्रसन्नता हुई। सत्येंद्रनाथ टैगोर भारत के पहले आई.सी.एस. अधिकारी थे। उन दिनों वे अहमदाबाद में जज थे और उनकी पत्नी तथा बच्चे इंग्लैंड में थे। इंग्लैंड जाने से पहले रवींद्रनाथ को कुछ दिनों तक अहमदाबाद में ठहरना पड़ा। अहमदाबाद में सत्येंद्रनाथ जिस महल में रहते थे, वह किसी समय बादशाहों के रहने के लिए बनाया गया था। वहाँ का प्राकृतिक दृश्य आकर्षक्र था। महल के नीचे साबरमती नदी बहती थी और नदी के तट की ओर महल की एक बड़ी सी खुली छत थी। जब सत्येंद्रनाथ कचहरी चले जाते, तब रवींद्रनाथ को इतने बड़े महल में अकेले रहना पड़ता। वे इस महल के एक कमरे से दूसरे कमरे में घूमा करते। सत्येंद्रनाथ के पास अंग्रेजी पुस्तकों का विशाल संग्रह था। ये पुस्तकें एकांत जीवन में रवींद्रनाथ की मित्र बन गई थीं। पुस्तकें पढ़ते हुए वे समय गुजारते थे। वे उन्हें समझ पाते या नहीं समझ पाते, मगर चाव से पढ़ा करते। इस तरह उन्हें अंग्रेजी का अभ्यास हो गया।

इंग्लैंड में सत्येंद्रनाथ के बच्चे ब्राइटन में रहते थे। वहीं रवींद्रनाथ को भी रहना पड़ा। इस तरह 1878 में उनका परिचय एक नए संसार से हुआ। सत्येंद्रनाथ की पत्नी उन्हें पुत्रवत् स्नेह करती। बच्चों के साथ हिल-मिल जाने के कारण रवींद्रनाथ ने अनुभव नहीं किया कि वे परदेश में थे। ब्राइटन के ही एक स्कूल में उन्हें दाखिला दिलवाया गया। स्कूल के छात्र और अध्यापक सब उन्हें पसंद करते थे। स्कूल के प्रधानाध्यापक ने उनका स्वागत करते हुए कहा था— "तुम तो बड़े मेधावी प्रतीत होते हो।" मानो प्रधानाध्यापक को रवींद्रनाथ के भावी जीवन की सफलता का आभास हो गया था।

परिवारवाले रवींद्रनाथ को कानून की शिक्षा दिलवाना चाहते थे, इसलिए

ब्राइटन के स्कूल से निकालकर उन्हें लंदन भेज दिया गया। वहाँ वे कॉलेज में लेक्चर सुनते और घर में लातिन भाषा का अभ्यास करते। इंग्लैंड के इस प्रवास का रवींद्रनाथ के जीवन पर महत्त्वपूर्ण प्रभाव पड़ा। उन्हीं दिनों उन्होंने अंग्रेजी के प्रमुख लेखकों—शेक्सपीयर, मिल्टन और बायरन की कृतियों का अध्ययन किया। इसके अलावा गेटे, दांते, टेसो आदि की रचनाओं का अंग्रेजी अनुवाद पढ़ा। उन्होंने उन कवियों की रचनाओं के बारे में कई लेख 'भारती' के लिए लिखे। विक्टर ह्यूगो, शेली, ब्राउनिंग, टेनीसन आदि की रचनाओं के अध्ययन का यह फल हुआ कि रवींद्रनाथ के हृदय में भी पुराने छंदों के स्थान पर नए प्रकार के छंदों में कविता लिखने की इच्छा बलवती होती गई। साहित्य के साथ-साथ उन्होंने यूरोपीय संगीत के साथ भी परिचय प्राप्त किया।

1879 और 1880 में उन्होंने यूरोप यात्रा के संस्मरण लिखे, जो 'भारती' में प्रकाशित हुए।

इंग्लैंड का उनके हृदय पर जो व्यापक प्रभाव पड़ा, उसका कुछ आभास उन पत्रों से मिलता है, जो उन्होंने वहाँ से अपने भाई को लिखे थे। पहले पत्र में उन्होंने लिखा था—

"यूरोप की भूमि पर यह मेरा पहला चरण है। आप तो जानते ही हैं, मैं कल्पना लोक में विचरण करता रहता हूँ। मैंने सोचा था कि यूरोप पहुँचते ही एक अपूर्व दृश्य मेरी आँखों को आकर्षित करेगा, परंतु मैं बचपन से देखता चला आ रहा हूँ कि कल्पना और सत्य का प्राय: कभी मेल नहीं होता। इस नवीन देश में आने से पहले मैंने उसे जिस नवीन रूप में सोच रखा था, यहाँ पहुँचने पर मुझे वह नवीनता दिखाई नहीं दी। यूरोप मुझे वैसे नवीन रूप में नहीं मिला।"

इंग्लैंड से इटली होते हुए वे पेरिस गए। वहाँ से उन्होंने लिखा था—

"प्रात:काल पेरिस पहुँचा, यह कैसा सुहावना नगर है। मालूम पड़ता है कि कदाचित् यहाँ का कोई भी आदमी निर्धन नहीं है। मैंने सोचा कि तीन हाथ के मनुष्य के लिए इतने बड़े और सुसज्जित मकानों की क्या आवश्यकता है। मैं एक होटल में जाकर ठहरा। उसके सारे कमरे इतने बड़े थे कि ढीला कपड़ा पहनने से जैसी असुविधा होती है, ठीक वैसी ही असुविधा मुझे इस होटल में

भी महसूस होने लगी। वहाँ कमरों के विस्तार का कोई ठिकाना नहीं था।''

भारत लौटने से पहले रवींद्रनाथ डॉक्टर स्कॉट नामक व्यक्ति के घर में कुछ दिनों तक रहे थे। उनके परिवारवालों का व्यवहार उन्हें बहुत अच्छा लगा था। विदा होते समय मिसेज स्कॉट ने उनका हाथ पकड़कर रोते हुए कहा था कि अगर तुम्हें इसी प्रकार चले जाना था तो इतने थोड़े दिनों के लिए ही आए क्यों थे?

इंग्लैंड से लौटकर रवींद्रनाथ अपने भाई ज्योतिरिंद्रनाथ टैगोर के साथ कुछ दिन तक चंद्रनगर में रहे। इन दिनों उन्होंने कई गीतों की रचना की, जो 'संध्या गीता' के नाम से एक संकलन के रूप में बाद में प्रकाशित हुआ। इस संकलन को पढ़कर उनके मित्र उन्हें बंगाल का 'शेली' कहकर पुकारने लगे थे। इस संकलन के जरिए बंगाल का साहित्यिक जगत् रवींद्रनाथ की काव्य प्रतिभा से परिचित हुआ।

रवींद्रनाथ की स्वच्छंद काव्य सेवा में एक रुकावट फिर आई। कुछ मित्रों ने महर्षि को सलाह दी कि कानून की पढ़ाई पूरी करने के लिए रवींद्रनाथ को फिर से इंग्लैंड भेजा जाए। महर्षि ने उन्हें फिर इंग्लैंड भेजने का फैसला किया। 1881 में रवींद्रनाथ आशुतोष चौधरी के साथ कलकत्ता से जहाज में सवार होकर रवाना हो गए। मद्रास पहुँचते ही आशुतोष चौधरी बीमार हो गए और उनके साथ रवींद्रनाथ को घर लौटना पड़ा। रवींद्रनाथ अपने पिता के पास मसूरी चले गए। महर्षि ने भी समझ लिया कि भाग्य की इच्छा रवींद्र को बैरिस्टर न बनाकर कुछ और बनाने की है, इसीलिए उन्होंने बेटे को इंग्लैंड भेजने का विचार छोड़ दिया।

1881 में 'भारती' में रवींद्रनाथ के प्रथम उपन्यास 'बो टैगोरानीट हाट' का धारावाहिक प्रकाशन शुरू हुआ। 1884 में उनका दूसरा उपन्यास 'करुणा' धारावाहिक रूप में प्रकाशित होने लगा, मगर वह अधूरा रह गया।

□

विवाह

महर्षि देवेंद्रनाथ टैगोर हालाँकि अपने युग के प्रसिद्ध समाज सुधारक माने जाते थे और आदि ब्रह्म समाज के मुखिया थे। इसके बावजूद ब्राह्मणत्व संबंधी मनोग्रंथि से वे कभी मुक्त नहीं हो सके। टैगोर परिवार के लोग जिस 'पीराली ब्राह्मण' कुल के वंशज थे, वह भले ही कुलीन ब्राह्मणों द्वारा बहिष्कृत और परित्यक्त था, फिर भी वे लोग अपनी आर्थिक और सामाजिक प्रतिष्ठा के बलबूते पर लगातार उच्च कुल के ब्राह्मण पुत्र-पुत्रियों की खोज कर उन्हीं के साथ अपने परिवार के लड़के-लड़कियों का विवाह करते रहे थे। रवींद्रनाथ के ससुर वेणीमाधव राय चौधरी देवेंद्रनाथ की जमींदारी के एक साधारण कर्मचारी थे। सामाजिक, आर्थिक अथवा सांस्कृतिक किसी भी दृष्टि से टैगोर परिवार की परंपरा से उनका कोई मेल नहीं बैठता था, पर उनका कुल और गोत्र बहुत उच्च और सम्मानित था। विवाह संबंध तय करते समय देवेंद्रनाथ इसी बात को अधिक अहमियत देते थे, इसलिए उन्होंने इस रिश्ते के प्रस्ताव पर खुशी के साथ अपनी सहमति दे दी।

पुत्र रवींद्रनाथ अपने पिता के प्रति एक प्रकार से अंधश्रद्धा रखते थे और उनकी किसी भी इच्छा या आदेश के विपरीत आचरण उन्होंने जीवन में कभी नहीं किया— फिर चाहे वह इच्छा या आदेश असंगत या तर्क से परे क्यों न हो, इसलिए यह जानते हुए भी कि उनका विवाह एक ग्यारह वर्ष की ग्रामीण लड़की से होने जा रहा है, रवींद्रनाथ ने विरोध में कुछ भी नहीं कहा।

इससे पहले अपनी भावी जीवन-संगिनी के बारे में उनके मन में तरह-तरह की विचित्र कल्पनाएँ धूप-छाँह का खेल खेला करती थीं। यूरोप के नारी समाज की स्वतंत्रता के पक्ष का समर्थन करते हुए उस पाश्चात्य आदर्श को भारत के प्राचीन आदर्श के साथ समन्वित करके योग्य जीवन-संगिनी की जो प्रतिभा उन्होंने निर्धारित की थी, उसमें कम-से-कम कालिदास के गृहिणी सचिव: सखी मित्र: प्रिय शिष्या ललिते कलाविधौ' का आदर्श तो निहित था ही, पर ग्यारह वर्ष की जिस ग्रामीण लड़की के साथ उनका विवाह हो रहा था, उसके साथ उक्त आदर्श के चरितार्थ होने की संभावना नजर नहीं आने पर भी उन्होंने विवाह के लिए मौन सहमति दे दी थी।

रवींद्रनाथ अपने पिता की किसी भी इच्छा या आदेश के विरुद्ध आचरण करना पसंद नहीं करते थे। दूसरा कारण यह हो सकता है कि परिस्थितियों के कारण जन्म से ही शहरी वातावरण में बँधे रहने पर भी इनका प्रकृति प्रेमी हृदय देहात के निश्छल जीवन के प्रति एक किस्म का आकर्षण महसूस करता था। शहरी लड़कियों के जीवन की कृत्रिमता से वे भली-भाँति परिचित हो चुके थे, इसलिए उनके मन के किसी कोने में यह विश्वास जरूर रहा होगा कि ग्रामीण वातावरण में पली लड़की भले ही अल्प-शिक्षित हो, उसका हृदय अवश्य ही बनावटीपन से दूर होगा। उनके विवाहित जीवन के संबंध में जितने भी तथ्य मिलते हैं, उनसे यही प्रमाणित होता है कि उनके विश्वास ने उन्हें धोखा नहीं दिया।

कुंडली के अनुसार, उनकी ग्यारह वर्षीया पत्नी का नाम भवतारिणी था। विवाह होने पर ससुराल में उनका नाम मृणालिनी रखा गया। संभवत: यह नया नाम स्वयं रवींद्रनाथ ने ही रखा था। मृणालिनी देवी में ऐसी कोई विशेषता नहीं थी जो किसी तीव्र अनुभूतिशील रोमांटिक कवि को आकर्षित कर सके, पर रवींद्रनाथ अलग ही मिट्टी से बने हुए आदमी थे। रोमांटिक और रहस्यमयी अनुभूतियों की चरम सीमा को छूते हुए भी वे यथार्थवादी थे। यह सच है कि मृणालिनी देवी वास्तविक अर्थ में उनकी सचिव और 'प्रिय शिष्या ललिते कलाविधौ, न बन सकीं, पर वे बहुत योग्य गृहिणी थीं। जीवन-संगिनी के संबंध

में रवींद्रनाथ के आदर्श की पूर्ण पूर्ति जब हालात के चलते मुमकिन नहीं हो पाई, तब उन्होंने अपनी पत्नी के गृहिणी रूप से ही संतोष कर लिया। कभी किसी बात से भी उन्होंने किसी पर यह जाहिर नहीं होने दिया कि अपने वैवाहिक जीवन से वे संतुष्ट नहीं हैं। पत्नी के प्रति वे बराबर स्नेहशील और हमदर्द बने रहे।

देवेंद्रनाथ इस विवाह समारोह में शामिल नहीं हो पाए थे। वे उन दिनों नदी मार्ग से नौका द्वारा निरुद्देश्य भ्रमण कर रहे थे। बाँकीपुर पहुँचने पर उन्हें सूचना मिली कि उनकी शिलाइदह की जमींदारी में उनके ज्येष्ठ दामाद शारदाप्रसाद की मृत्यु हो गई है। यह तकलीफदेह घटना उसी दिन घटी थी जिस दिन रवींद्रनाथ का विवाह हुआ था। देवेंद्रनाथ नाव छोड़कर रेलगाड़ी से बोलापुर पहुँचे। वहाँ से कलकत्ता गए। वे केवल तीन दिन जोड़ासांको वाले टैगोर-भवन में रहे। उसके बाद उस भवन से जो बाहर निकले तो फिर मृत्यु पर्यंत उन्होंने वहाँ कदम नहीं रखा।

सबसे छोटी बहू को आशीर्वाद देकर महर्षि उसकी शिक्षा का समुचित प्रबंध करने का आदेश अपने लड़कों को दे गए। जब पत्र द्वारा उनसे यह निवदेन किया गया कि नई बालिका वधू को 'लोरेटो हाउस' में अंग्रेज लड़कियों के साथ पढ़ने की अनुमति दी जाए तो उन्होंने इसके लिए भी अपनी अनुमति दे दी।

विवाह हो जाने के बाद सभी भाइयों तथा टैगोर परिवार के दूसरे परिजनों ने आपस में यह तय किया कि इस शुभ अवसर पर एक नाटक का मंचन होना चाहिए। इस अवसर के लिए रवींद्रनाथ ने 'नलिनी' नामक एक नए नाटक की रचना की। किसी विशेष मनोवैज्ञानिक कारण से यह नाम रवींद्रनाथ को बराबर बहुत प्रिय रहा हैं। विलायत जाने से पहले बंबई में जो लड़की उन्हें अंग्रेजी बोलना और अंग्रेजों के शिष्टाचार की शिक्षा देती थी, उसका नाम भी रवींद्रनाथ ने नलिनी ही रखा था। अपनी पत्नी का नया नामकरण उन्होंने 'मृणालिनी' किया जो 'नलिनी' का ही रूपांतर है। इससे पहले उनके कई नाटकों, कहानियों और काव्यों में नायिका अथवा प्रमुख किरदार का नाम नलिनी ही रखा गया

था। इस बार नाटक का ही नाम 'नलिनी' रखा गया।

पर दुर्भाग्य से इस नाटक का मंचन मुमकिन नहीं हो पाया। टैगोर परिवार पर जैसे मृत्युदूतों ने अचानक संगठित होकर हमला कर दिया। रवींद्रनाथ के विवाह के कुछ ही समय बाद उनके जीवन की सबसे अधिक प्रिय और मान्य सहचरी, सबसे प्रिय भाई ज्योतिरिंद्रनाथ की पत्नी कादंबरी देवी ने एक दिन अचानक आत्महत्या कर ली। आत्महत्या का कोई भी स्पष्ट कारण किसी के सामने प्रकट नहीं हो सका।

अपनी स्नेहमयी भाभी के बहुत करीब रहनेवाले रवींद्रनाथ से वह कारण छिपा रहा होगा, यह संभव नहीं लगता। मृत्यु के मर्मभेदी रूप के साथ रवींद्रनाथ का पहली बार साक्षात्कार हुआ। उससे पहले वे अपनी माता की मृत्यु की पीड़ा को बर्दाश्त कर चुके थे। उससे वे दुःखी अवश्य हुए थे, पर जैसे पहले से ही उसके लिए तैयार थे और जानते थे कि सत्रह संतानों की जननी उनकी बीमार माता अधिक दिनों तक जी नहीं पाएँगी। इसीलिए शोक और आतंक की जिस तीव्र अनुभूति ने उन्हें कादंबरी देवी की आत्महत्या के बाद घेर लिया, वैसी अनुभूति ने उन्हें माता की मृत्यु के बाद भी परेशान नहीं किया था। जब रवींद्रनाथ महज सात साल के थे, तभी कादंबरी देवी नव-वधू के रूप में टैगोर परिवार में आई थी। वह रवींद्रनाथ से केवल तीन साल बड़ी थी। उसी समय से वह रवींद्रनाथ की खेलने और पढ़ने-लिखने की संगिनी बन गई थी। जब रवींद्रनाथ अपनी माता के गुजरने पर शोक के सागर में डूब गए थे, तब कादंबरी देवी ने ही उन्हें सांत्वना दी थी। रवींद्रनाथ को कादंबरी देवी से काफी दुलार प्राप्त हुआ था— विशेषकर उस स्थिति में जब परिवार के सारे लोग व्यावहारिक जीवन के क्षेत्र में रवींद्रनाथ को 'अयोग्य' समझते हुए उनकी उपेक्षा करने लगे थे। रवींद्रनाथ के साहित्यिक जीवन का जब निर्माण हो रहा था, तब कादंबरी देवी ने इस क्षेत्र में भी निरंतर उनका हौसला बढ़ाया था। ऐसी स्थिति में जब रवींद्रनाथ के विवाह के ठीक बाद ही कादंबरी देवी ने आत्महत्या कर ली तो इस घटना ने रवींद्रनाथ के हृदय में ऐसा जख्म पैदा कर दिया, जिसकी टीस वे जीवन भर महसूस करते रहे। उनकी विविध रचनाओं में वह वेदना फूट पड़ी।

कादंबरी देवी की मृत्यु के ठीक एक वर्ष बाद उनके वार्षिक दिवस पर रवींद्रनाथ ने 'पुष्पांजलि' नाम से एक गद्य-कविता लिखी और बाद में इसी शृंखला में और भी गद्य कविताएँ लिखीं। एक कविता का भाव इस प्रकार था—

"हे जगत् के द्वारा विस्मृत किंतु मेरे चिरस्मृत! पहले तुम्हें जिस तरह गीत गाकर सुनाया करता था, अब क्यों नहीं सुना पाता? मैं जो कुछ भी लिख रहा हूँ, सब तुम्हारे लिए। कहीं तुम मेरा चिर-परिचित कंठस्वर भूल न जाओ, अनंत पथ पर चलते-चलते अगर कभी दैवयोग से तुम्हारा और मेरा मिलन फिर से हो जाए, जब कहीं तुम मुझे पहचान न पाओ, इसलिए प्रतिदिन तुम्हें स्मरण करके अपने हृदय की जो बातें कह रहा हूँ, तुम उन्हें क्या सुन नहीं पा रही हो? एक दिन ऐसा आएगा जब इस पृथ्वी पर मेरी कोई भी बात किसी को याद नहीं रहेगी— पर क्या तुम भी मेरी दो-एक बातें स्नेहपूर्वक याद न रखोगी? मेरी जिन सब रचनाओं को तुम इतने प्रेम से सुना करती थीं, जो रचनाएँ तुमसे घनिष्ठ रूप से संबंधित थीं, आज तुम्हारे और मेरे बीच व्यवधान पड़ जाने से क्या उन रचनाओं का भी कोई संबंध तुमसे नहीं रह गया? क्या तुम किसी अनजान देश के किसी नूतन-परिचित महाकवि की कविताएँ सुन रही हो?"

अपनी 'जीवन-स्मृति' में इस मार्मिक घटना को याद करते हुए कवि ने लिखा है—

"इतने निकट के व्यक्ति का तिरोभाव जब स्वप्न की तरह एक पल में हो गया, तब सारे जगत् की ओर देखकर मैं सोचने लगा कि प्रकृति का यह कैसा आत्म-खंडन है। अभी जिसका अस्तित्व था, वह देखते-देखते लुप्त हो गया, उसकी इन दो स्थितियों के बीच मैं मेल कैसे बिठाऊँ?"

कादंबरी देवी की मौत के एक महीने बाद ही रवींद्रनाथ के मँझले बड़े भाई हेमेंद्रनाथ की भी मौत हो गई। इस प्रकार कवि की ग्यारह वर्षीया बालिका वधू जैसे अपने साथ मौत की छाया लेकर टैगोर भवन में आई थी। विवाह के दिन ही रवींद्रनाथ के बड़े बहनोई का देहांत हो गया और विवाह के एक महीने के भीतर उनके दो प्रियजन बिछुड़ गए।

□

जमींदारी का दायित्व

देश-विदेश की सैर करने की इच्छा रवींद्रनाथ के मन में बचपन से थी। भ्रमण की यह प्रवृत्ति केवल भ्रमण के उद्‌देश्य से नहीं थी, बल्कि विश्वजीवन और विश्वमानव के विविध रूपों को प्रत्यक्ष देखकर उन रूपों के साथ अपने मन का तादात्म्य स्थापित करने की प्रबल आकांक्षा इस प्रवृत्ति के मूल में निहित थी। युवावस्था के आरंभिक दौर में एक बार उन्होंने यह योजना बनाई थी कि कुछ मित्रों के साथ एक बैलगाड़ी पर सवार होकर ग्रांड ट्रंक रोड से समस्त उत्तर भारत की यात्रा की जाए। कुछ विशेष कारणों से यह योजना सफल नहीं हो पाई।

महर्षि वृद्ध हो चुके थे और सांसारिक कार्यों में लिप्त न रहकर दूरदराज के इलाकों में एकांतवास किया करते थे। सत्येंद्रनाथ प्रवास में सरकारी कार्यों में व्यस्त रहते थे। ज्योतिरिंद्रनाथ पत्नी की मृत्यु के बाद से सांसारिक विषयों से विरक्त हो गए थे। हेमेंद्रनाथ की मृत्यु हो चुकी थी और वीरेंद्रनाथ तथा सोमेंद्रनाथ अस्वस्थ थे। इसीलिए जमींदारी की देखरेख का भार या तो सबसे बड़े भाई द्विजेंद्रनाथ पर आ सकता था या सबसे छोटे भाई रवींद्रनाथ पर। दार्शनिक द्विजेंद्रनाथ के लिए यह दायित्व स्वीकार करना संभव नहीं था। उन्होंने कुछ समय के लिए अपने बड़े लड़के को वह काम सौंप दिया था, पर उनसे भी वह काम सँभल न सका और सारी व्यवस्था बिगड़ने लगी।

इसलिए महर्षि ने रवींद्रनाथ पर जोर डाला कि वह जमींदारी का काम

सँभालें। कवि अपने स्वभाव के चलते इस तरह के घोर नीरस कार्यों से कतराते थे, पर इस बार जब पिता का निश्चित आदेश प्राप्त हुआ, तब वे इनकार नहीं कर सके। इसके अलावा एक बात और थी, इतने दिनों तक वे परिवारवालों की नजरों में सांसारिक दृष्टि से सभी क्षेत्रों में निकम्मे साबित हो चुके थे। इसलिए इस बार उन्होंने निश्चय किया कि जमींदारी का दायित्व सँभालकर वे परिवारवालों के समक्ष अपनी योग्यता सिद्ध करेंगे। उन दिनों टैगोर परिवार की जमींदारी संयुक्त होने के कारण बहुत बड़ी थी। उतनी बड़ी जमींदारी का प्रबंध रवींद्रनाथ के अनुभवहीन हाथों में आ गया।

रवींद्रनाथ के स्वभाव और चरित्र की यह बहुत बड़ी विशेषता थी कि भाव-प्रवणता के साथ ही कर्मनिष्ठा भी उनमें किसी से कुछ कम नहीं थी। उन्होंने पूरी लगन के साथ एक अनुभवी जमींदार की तरह नए दायित्व को स्वीकार किया—इस प्रकार अपने पिता तथा परिवार के दूसरे व्यक्तियों के समक्ष यह प्रमाणित कर दिखाया कि वे 'निकम्मे' नहीं हैं। इस दायित्व को सँभालने के लिए महर्षि ने उनके लिए 250 रुपए मासिक वेतन तय कर दिया था। जमींदारी की देखभाल के सिलसिले में रवींद्रनाथ ने जिस आश्चर्यजनक व्यावहारिक कौशल का परिचय दिया, उसे देखकर बड़े-बड़े अनुभवी जमींदार दाँतों तले उँगुली दबाने लगे।

उसी समय से रवींद्रनाथ की जीवनधारा में महत्त्वपूर्ण परिवर्तन आने लगा। एक तरफ दीन-हीन प्रजा वर्ग के निकट संपर्क में आने से मानव जीवन के यथार्थ के संबंध में उनका अनुभव बढ़ता चला गया, दूसरी तरफ उनके भीतर के कवि के भाव-प्रवण प्राणों को निरावरण प्रकृति के साथ घनिष्ठ संबंध कायम करने का अवसर मिला।

उन दिनों लिखे गए उनके विविध पत्रों में उनके हृदय की यह व्यथा बार-बार उजागर हुई है कि जिस प्रजावर्ग से वे कर की वसूली करते हैं, वह उन्हें अपने ही समान सुख-दुःख से पीड़ित मनुष्य के रूप में नहीं देख पाता। एक पत्र में उन्होंने लिखा—

"सुबह उठकर लिख रहा था। 'प्रधानमंत्री' ने मृदु स्वर में बताया कि

'राज-सभा' में मेरी उपस्थिति अनिवार्य है। क्या करता, लक्ष्मी का आदेश सुनकर सरस्वती को छोड़ना पड़ा। एक घंटे तक राजकार्य देखकर अभी लौट रहा हूँ। मुझे मन-ही-मन हँसी आती है—ऐसे अवसरों पर अपने अपार गांभीर्य और अतलस्पर्शी बुद्धिमान की तरह अपनी मुखमुद्रा की कल्पना करके सारा चक्कर ही मुझे एक प्रहसन की तरह लगता है। जब आम लोग सहमे हुए कातर भाव से मेरे 'दरबार' में सलामी बजाने आते हैं और कर्मचारीगण हाथ जोड़कर विनीत भाव से खड़े रहते हैं, तब मैं सोचता हूँ कि मैं इन लोगों से क्या सचमुच इस कदर बड़ा हूँ कि मेरे एक इशारे से ही इन लोगों की जीवन रक्षा हो सकती है और मेरे तनिक विमुख होते ही इनका सर्वनाश हो सकता है। मैं एक विशेष कुरसी पर बैठकर जो यह स्वाँग रच रहा हूँ, कि मैं इन सब लोगों से एक स्वतंत्र सृष्टि हूँ, इन लोगों का पालनकर्ता और विधाता हूँ, इससे अद्‌भुत और क्या बात हो सकती है। अपने भीतर मैं भी इन्हीं लोगों की तरह दरिद्र और सुख-दुःख कातर मनुष्य हूँ। मुझे भी संसार में छोटे-छोटे मामलों को लेकर जवाब देना पड़ता है, छोटे-छोटे कारणों से मर्मभेदी क्रंदन मेरे भीतर से उच्छ्वसित होता है, न जाने कितने लोगों की प्रसन्नता और कृपा पर मेरा भी जीवन अवलंबित है, पर ये सरल हृदय किसान लोग मुझे कितना गलत समझते हैं। वे नहीं जानते कि मैं भी उन्हीं लोगों का समजाति हूँ। उनकी इस भूल को कायम रखने के लिए न जाने कितनी जुगत करनी पड़ती है। कितना आडंबर रचना पड़ता है। 'प्रेस्टीज' का वास्तविक अर्थ है मनुष्य के संबंध में मनुष्य की गलत धारणा। यदि यहाँ के किसान मुझे ठीक तरह से समझ पाते तो पहचान पाते कि मैं उन्हीं लोगों में से एक हूँ।''

यह वेदना रवींद्रनाथ के विभिन्न पत्रों और निबंधों में बार-बार उजागर हुई है। उस युग के किसी भी जमींदार के मन में इस तरह की ग्लानि की कल्पना तक नहीं की जा सकती।

जमींदारी के काम के झंझटों में फँसे रहने पर भी रवींद्रनाथ पढ़ने-लिखने के लिए समय निकाल लेते थे। आलस्य का लेशमात्र प्रभाव भी उनके स्वभाव में कभी नहीं रहा। कई पत्रों का संपादन उन्हें करना पड़ता था और

कई पत्रों के लिए कविताएँ, कहानियाँ, निबंध आदि उन्हें नियमित रूप से लिखने पड़ते थे।

जब उन पर जमींदारी का कार्य सँभालने का भार आ पड़ा, तब एक सीमित क्षेत्र में बँध जाने पर भी वे छोटी-मोटी यात्राएँ बराबर करते रहे। खास तौर पर नदी के रास्ते से यात्रा करने में उन्हें अधिक आनंद आता था। उन दिनों टैगोर परिवार की जमींदारी बहुत बड़ी थी। विशेष रूप से वह तीन स्थानों में फैली हुई थी— गंगा के तट पर शिलाइदह के आसपास। उड़ीसा में और राजशाही जिले के अंतर्गत कालिग्राम में। रवींद्रनाथ शिलाइदह को केंद्र बनाकर तीनों स्थानों की देखभाल करते रहते थे। शिलाइदह में प्रवास का युग रवींद्रनाथ के सृजन कर्म का सबसे महत्त्वपूर्ण युग था। शिलाइदह पद्मा नदी के किनारे बसा हुआ है। पद्मा गंगा के उस भाग का नाम है जिसके ठीक बाद गंगा ब्रह्मपुत्र में मिलकर सहस्र धाराओं में विभक्त हो जाती है। पद्मा के प्रवाह ने और उसके विस्तृत तीरवर्ती चित्र-विचित्रमय जीवन ने कवि के प्राणों को इस कदर मोह लिया था कि वे अकसर महीनों तक नदी की धारा में नाव में डेरा बाँधकर रहते थे। अपने एक पत्र में उन्होंने लिखा—

"सचमुच मैं पद्मा को प्राणों से भी अधिक प्यार करता हूँ। जिस प्रकार ऐरावत इंद्र का वाहन है, उसी प्रकार मेरा यथार्थ वाहन है पद्मा। यह ठीक है कि इसकी आदतें घरेलू और पालतू ढंग की नहीं हैं, उसमें जंगलीपन काफी है, फिर भी मुझे उसे दुलारने की इच्छा होती है। जब मैं शिलाइदह में बजरे में रहता हूँ, तब मुझे पद्मा एक वास्तविकऔर स्वतंत्र मनुष्य की तरह लगती है।"

पद्मा से प्रेरणा पाकर रवींद्रनाथ ने कई अमर कविताएँ, कहानियाँ और निबंध लिखे हैं। पद्मा-प्रवासकाल का जलमय जीवन केवल जल केकारण ही उन्हें प्रिय नहीं था, नदी के दोनों किनारे के मानवीय सुख-दुःखमय द्वंद्व से पूर्ण स्थलमय जीवन की विभाजन रेखा केरूप में वह उन्हें अधिक आकर्षित करता था। जमींदारी के कार्यों की सारी व्यस्तता के बीच में केवल पद्मा ही उनके लिए सुख और सांत्वना का संबल बनी हुई थी।

किसानों का बदहाल जीवन हमेशा उनकी अंतरात्मा को कचोटता रहता था। बार-बार उनके संवेदनशील मन में यह सवाल पैदा होता था कि एक वर्ग इस प्रकार दीन-हीन, विपन्न और अज्ञानी बना रहे और दूसरा वर्ग उनसे कर वसूल कर जीवनयापन की सारी सुविधाएँ अनायास ही प्राप्त करता हुआ संस्कृति के उच्चतम शिखर पर आसीन रहे, यह कहाँ तक न्यायसंगत है! मगर समाज में धन विभाजन की समान व्यवस्था को लेकर उनके मन में दुविधा बनी हुई थी। एक पत्र में उन्होंने लिखा था—

"विधाता ने हमें एक ऐसा छोटा, जीर्ण और दीन वस्त्रखंड दिया है कि उससे पृथ्वी का एक छोर ढकने से दूसरा छोर नंगा पड़ जाता है— दरिद्रता दूर करने के प्रयत्नों में धन चला जाता है और धन के चले जाने से समाज के श्री-सौंदर्य का कितना बड़ा साधन चला जाता है, इसकी सीमा नहीं है।" यह वही तर्क है जो कई युगों से धनी वर्ग बराबर देता रहा है। इसके बावजूद भूखी-नंगी आबादी के प्रति कवि के हृदय की संवेदना में किसी तरह का बनावटीपन नहीं था। ऐसी प्रजा का उद्धार न कर पाने की उनकी ग्लानि भी बनावटी नहीं थी। इसके अलावा यह बात भी ध्यान में रखने योग्य है कि उन्नीसवीं शताब्दी के भारत में एक जमींदार-पुत्र के मन में यह सवाल पैदा हुआ था कि भूखों-नंगों की समस्या कैसे हल हो। उस घोर रूढ़िवादी युग में यह कोई साधारण बात नहीं थी। उन्हीं दिनों उन्होंने 'एबार फिराओ मोरे' की शीर्षक एक कविता लिखी थी, जिसमें दीन-हीन वर्ग के प्रति उनकी संवेदना व्यक्त हुई। कविता में कवि अपने आपको संबोधित करते हुए कहता है—

"अरे अभागे, तू वंशी बजाना और कविता गाना छोड़कर उठ। बाहर आकर देख, कहाँ आग लगी है। संसार के सोए हुए लोगों को जगाने केलिए किसका शंख बज उठा है। किस अंधकारपूर्ण कारा में जर्जर बंधनग्रस्त अनाथिनी सहायता माँग रही है। स्फीतकाय अपमान किस प्रकार लाखों मुखों से अक्षमों की छाती से रक्त सोखकर पान कर रहा है। स्वार्थ-उद्धत अन्याय दुखियों की पीड़ा का कैसा उपहास कर रहा है। संकुचित और डरे हुए गुलाम किस तरह छद्मवेश में खुद को छिपा रहे हैं।

"यह देखो, ये सब दीन-हीन लोग मौन भाव से सिर झुकाए खड़े हैं। उनके म्लान चेहरों पर सौ-सौ शताब्दियों की पीड़ा की करुण कथा लिखी हुई है। इन सब मूढ़, म्लान, मूक मुखों को भाषा देनी होगी, इन सब श्रांत, शुष्क, भग्न हृदयों में आशा की वाणी ध्वनित करनी होगी। उनसे पुकार-पुकारकर कहना होगा— तुम सब लोग तनिक सिर ऊँचा करके एक साथ मिलकर एक बार खड़े तो हो जाओ। जिसके भय से तुम लोग भीत हो वह अन्यायी तुमसे भी अधिक कायर है। जिस क्षण तुम लोग जाग जाओगे, वह फौरन भाग खड़ा होगा। जब भी तुम उसके सामने निर्भय खड़े हो जाओगे, उसी क्षण वह संकुचित होकर भय से रास्ते के कुत्ते की तरह दुबक जाएगा।

"हे कवि उठो, यदि तुम्हारे पास प्राण है तो उसे आज दान करो। सामने कष्टपूर्ण संसार बहुत ही दरिद्र है और अंधकार से घिरा हुआ है। अन्न चाहिए, प्रकाश चाहिए, मुक्त वायु चाहिए। कल, स्वास्थ्य और आनंद से उज्ज्वल परमाणु चाहिए और चाहिए साहस से भरी हुई चौड़ी छाती। इस विश्वव्यापी दैन्य के बीच, हे कवि, एक बार स्वर्ग से विश्वास की छवि ले आओ।"

यह विद्रोहात्मक कविता कवि ने 1885 में लिखी थी। बाद में यह 'चित्रा' नामक संग्रह में प्रकाशित हुई।

यह कविता लिखने के लगभग तीस साल बाद जब कवि रूस गए, तब वहाँ से जो पत्र उन्होंने लिखे थे, उनमें समतावादी स्वर स्पष्ट हो उठा था। श्रीनिकेतन के वार्षिक उत्सवों के अवसर पर जो भाषण उन्होंने दिए, उनमें भी समान श्रम और समान वितरण पर जोर दिया था।

प्रजा के हित का ध्यान रवींद्रनाथ को प्रारंभ से ही रहता था। जब उनका कोई कर्मचारी प्रजा पर अत्याचार करता था, तब वह उसे क्षमा नहीं करते थे। इसलिए आम लोग उनका आदर करते थे।

जमींदारी की देखभाल का बहुत बड़ा उत्तरदायित्व सँभालने पर भी उनकी निजी आर्थिक स्थिति में कोई सुधार नहीं हो पाया, वे केवल एक वेतनभोगी कर्मचारी के रूप में काम कर रहे थे। इस काम के लिए उन्हें हर

महीने ढाई सौ रुपए मिलते थे, तब तक वे तीन बच्चों के पिता बन चुके थे। अपनी पुस्तकों को छपाने के लिए वे काफी कर्ज सिर पर लाद चुके थे। कदम-कदम पर उन्हें किफायत के सहारे गुजारा करना पड़ रहा था।

एक समय आया, जब जमींदारी के बँटवारे का विवाद पैदा हो गया। उस समय महर्षि देवेंद्रनाथ की आयु अस्सी के ऊपर पहुँच चुकी थी। वे चाहते थे कि उनके जीवनकाल में ही उनके भतीजों के हिस्सों का बँटवारा हो जाए। गुणेंद्रनाथ के पुत्र गगनेंद्रनाथ, अवनींद्रनाथ और समरेंद्रनाथ के हिस्से में शहजादपुर और उड़ीसा की जमींदारी आई, तब तक रवींद्रनाथ की देखदेख में जमींदारी की संयुक्त आय से संपूर्ण टैगोर परिवार का सारा कारोबार चल रहा था। अब बँटवारे के फलस्वरूप देवेंद्रनाथ के पुत्रों की आर्थिक स्थिति स्वाभाविक रूप से पहले की तुलना में कमजोर हो गई। उतनी बड़ी और फैली हुई जमींदारी का बँटवारा आसानी से हो भी नहीं सकता था। उसके लिए लंबी कानूनी प्रक्रिया से होकर गुजरना पड़ा। इस दौरान सारी मेहनत और भागदौड़ अकेले रवींद्रनाथ को ही करनी पड़ी। तीखे विवाद और कटु पारिवारिक अनुभवों के बाद यह काम पूरा हो पाया। मानसिक खिन्नता की इस स्थिति में रवींद्रनाथ ने सांसारिक लाभ और हानि की खींचतान, स्वार्थ और संघर्ष पर कई कविताएँ अपने मन को सांत्वना देने के लिए लिखीं। इसी मनःस्थिति में उन्होंने महाकवि कालिदास का स्मरण करते हुए लिखा—"हे अमर कवि, क्या तुमने हम लोगों की तरह सुख-दुःख और आशा-निराशा का अनुभव नहीं किया? क्या समय-समय पर राजसभा के षड्यंत्र और गोपन आघातों से तुम पीड़ित नहीं रहते थे? क्या तुम्हें कभी अपमान, अनादर, अविश्वास, अन्याय, कठोर और क्रूर स्वभाव सहन नहीं करना पड़ा? क्या इन कारणों से कभी तुमने शूलविद्ध हृदय लेकर निद्राहीन रातें नहीं बिताईं?"

□

पारिवारिक जीवन

आरंभिक दौर में रवींद्रनाथ सभी सामजिक और धार्मिक अनुष्ठानों में पैतृक परंपरा का निष्ठापूर्वक अनुसरण करते थे। उनके परिवार के सभी सदस्यों को सामाजिक तथा धार्मिक मामलों में आदि ब्रह्म समाज के नियमों का अनिवार्य रूप से पालन करना पड़ता था। पिता की यही इच्छा थी और पिता की इच्छा के प्रतिकूल कभी कोई काम रवींद्रनाथ ने नहीं किया। साधारण ब्रह्म समाज प्रगति के मामले में काफी आगे बढ़ चुका था, पर महर्षि की अगुवाई वाला आदि ब्रह्म समाज अभी तक हिंदू समाज की वर्णभेद प्रथा को मानकर चलता था। टैगोर परिवार के लड़कों और लड़कियों के विवाह उच्च ब्राह्मणी कुलों में ही होते थे। बच्चों का यज्ञोपवीत संस्कार नियमित रूप से होता था। विवाह–उपनयन आदि में मूर्तिपूजा को छोड़कर शेष सारे अनुष्ठान हिंदू समाज की परंपरा के अनुसार ही संपन्न किए जाते थे।

उनका पुरोहित केवल ब्राह्मण ही हो सकता था, दूसरे वर्ण का कोई पंडित नहीं। सुधार और प्रगतिशीलता के लिए मशहूर टैगोर परिवार ब्राह्मणत्व के प्रति मोह छोड़ने में असमर्थ रहा। महर्षि की इस दुर्बलता का कारण शायद यह रहा होगा कि अपने पूर्वजों का ब्राह्मणत्व खंडित किए जाने के षड्यंत्र के कारण उनके मन में मोह पैदा हो गया हो। कारण जो भी रहा हो, इस सोच की स्पष्ट व्याख्या नहीं की जा सकती।

जहाँ तक रवींद्रनाथ का प्रश्न है, वे वर्णभेद प्रथा को कायम रखने के

पक्ष में कभी नहीं रहे, मगर साथ ही पिता द्वारा चलाई गई परंपरा को उनके जीवनकाल में ही उन्होंने तोड़ने की कोशिश भी नहीं की।

शिलाइदह के देहाती वातावरण में बच्चों को पढ़ाने के लिए रवींद्रनाथ ने लारेंस नामक एक अंग्रेज शिक्षक को नियुक्त किया था। अंग्रेजी शासन और भारत में रहने वाले अंग्रेजों के घोर विरोधी होने के बावजूद अंग्रेजी शिक्षा की खूबियों के प्रति उनके मन में आदर था। कुछ समय बाद उन्होंने गणित, ज्योतिष और विज्ञान पढ़ाने के लिए एक देशी शिक्षक जगदानंद राय को भी नियुक्त कर लिया। दोनों शिक्षकों की देखरेख में बच्चे शिक्षा प्राप्त करने लगे।

रवींद्रनाथ का ध्यान 'फार्मिंग' की तरफ आकर्षित हुआ था। अमेरिका और मद्रास का विशेष धान मँगवाकर बंगाल की मिट्टी में उसके उत्पादन में हिस्सेदारी करने में वे रुचि लेने लगे, राजशाही से रेशम के कीड़े मँगवाकर उनके पालन और रेशम उत्पादन के मामले में भी वे प्रयोग करने लगे। वे स्वदेश में निर्मित वस्त्रों के प्रचलन को बढ़ावा देना चाहते थे, मगर रेशम का व्यवसाय उनके लिए परेशानी का कारण बन गया। मशहूर वैज्ञानिक जगदीशचंद्र बोस को जुलाई 1900 में लिखे एक पत्र में रवींद्रनाथ ने इस समस्या का उल्लेख इस तरह किया है—

"न जाने किस मनहूस घड़ी में अक्षयकुमार (मशहूर इतिहासकार) मेरे यहाँ रेशम के 20 कीड़े देख गए थे। आज दो लाख भूखे कीड़ों को दिन-रात आहार और आश्रय देने के काम में मैं अत्यंत व्यस्त हो उठा हूँ। दस-बारह आदमी दिन-रात उनकी डालें साफ करने और जंगल से पत्ते लाने के काम में जुटे रहते हैं। लारेंस नहाना-खाना भूलकर कीड़ों की सेवा में लगा रहता है।"

इसी बीच एक अन्य व्यावसायिक संकट से होकर भी उन्हें गुजरना पड़ा था। 1896 में उनके दो भतीजों ने कुष्ठिया में 'टैगोर कंपनी' नाम से एक कंपनी की स्थापना की थी। यह कंपनी मुफस्सिल में पटसन आदि कच्चा माल खरीदकर बिक्री करती थी। कुछ समय बाद ईख पेरने की मशीन से

संबंधित कारोबार भी उन लोगों ने शुरू कर दिया। उस समय इस मशीन की एकमात्र वितरक रेनविक नामक एक ब्रिटिश कंपनी थी। उसी कंपनी के एजेंट गाँव-गाँव घूमकर मशीन बेचते थे। टैगोर कंपनी ने इस ब्रिटिश कंपनी के साथ प्रतिद्वंद्विता करते हुए काफी सफलता हासिल कर ली थी। रवींद्रनाथ भी इस कारोबार में दिलचस्पी लेने लगे थे। काम अच्छा चल रहा था, पर जो भतीजा (बलेंद्रनाथ) उस करोबार की देखरेख कर रहा था, वह कारोबारी न होकर मूल रूप से संवेदनशील रचनाकार था। उसके मैनेजर ने इतनी सफाई से घोटाला करना शुरू किया कि पहले किसी को कुछ पता ही नहीं चला। जब बलेंद्रनाथ बीमार पड़ गए और कुछ ही समय बाद उनकी मृत्यु भी हो गई, तब व्यापार का सारा भार रवींद्रनाथ के कंधे पर आ गया। उस समय तक रवींद्रनाथ को भी अंदरूनी स्थिति की कोई जानकारी नहीं थी। एक दिन अचानक जब मैनेजर फरार हो गया, तब पता चला कि कंपनी अस्सी हजार रुपए के कर्ज में डूब गई थी। रवींद्रनाथ पैतृक संपत्ति के आंशिक मालिक थे, पर भतीजों का संपत्ति पर कानून के हिसाब से कोई अधिकार नहीं था। इस तरह कर्ज चुकाने की जवाबदेही केवल रवींद्रनाथ के ऊपर आ गई। रवींद्रनाथ की निजी आर्थिक स्थिति विभिन्न कारणों से वैसे ही संकटपूर्ण होती चली चली जा रही थी, ऊपर से यह नया संकट पैदा हो गया था। वे घबराकर तुरंत सारा कारोबार बंद कर देने के बारे में सोचने लगे। यदि कोई पेशेवर व्यापारी होता तो उस घाटे से घबराए बिना व्यापार को जारी रखता, क्योंकि व्यापार में अपने आपमें कोई खराबी नहीं थी। वह लाभदायक व्यापार था मगर इस नीरस क्षेत्र में कवि से लगन व धीरज की उम्मीद कैसे की जा सकती थी! काफी कोशिश करने के बाद एक मारवाड़ी और एक अंग्रेज व्यवसायी ने आधे हिस्से के साझीदार बनकर कारोबार को चलाना स्वीकार किया। इस नई व्यवस्था में भी रवींद्रनाथ को कठिनाई महसूस हो रही थी। इसीलिए उन्होंने सारा कारोबार टैगोर कंपनी के ही एक कर्मचारी को दान कर दिया। वह कर्मचारी कुछ ही वर्षों में मालामाल हो गया।

मगर कर्ज तो रवींद्रनाथ को ही चुकाना था। अपने मित्र लोकेन पालित

और एक मारवाड़ी व्यापारी से ब्याज की ऊँची दर पर कर्ज लेकर रवींद्रनाथ ने रुपयों का प्रबंध किया। इस तरह वह कंपनी की देनदारी से मुक्त हो गए। रवींद्रनाथ की व्यक्तिगत आर्थिक स्थिति कभी अच्छी नहीं रही। लोकेन पालित से उन्होंने जो कर्ज लिया था, उसे वे 1917 से पहले चुका नहीं पाए, तब उनकी संपत्ति का मालिक शांति निकेतन का विश्वविद्यालय बन गया था।

अपनी इन भयंकर परेशानियों का कोई असर उन्होंने अपने परिवार के सदस्यों पर नहीं पड़ने दिया। अपने बच्चों से वे बहुत स्नेह करते थे। फुरसत की घड़ियों में उनके साथ स्वयं भी बच्चा बन जाते थे। वे बच्चों के साथ खेलते थे या उन्हें रोचक कहानियाँ सुनाते थे। पत्नी मृणालिनी देवी हालाँकि बचपन में देहाती वातावरण में पली थीं, फिर भी बाद में वर्षों तक कलकत्ता में जीवनयापन करने के कारण वे शहरी जीवन की अभ्यस्त हो चुकी थीं। इसीलिए शिलाइदह के ग्रामीण वातावरण में उन्हें सबकुछ सूना लगता था और उनका वहाँ जी नहीं लगता था। जमींदारी, व्यवसाय और साहित्य-सृजन के कार्यों में व्यस्त रहने के बावजूद रवींद्रनाथ अपनी पत्नी के लिए समय निकालते थे और उन्हें अकेलेपन का अनुभव न होने देने के लिए अपनी तरफ से भरपूर प्रयत्न करते थे।

मृणालिनी देवी कोई असाधारण प्रतिभा की धनी महिला नहीं थीं, इसलिए न तो कवि के साहित्यिक जीवन की सहचरी बन सकने में समर्थ थीं, न कर्म जीवन में 'सचिव' पद की अधिकारिणी हो सकती थीं। वे न तो कालिदास की इंदुमती थीं और न रवींद्रनाथ की चित्रांगदा, पर वे कुशल गृहिणी अवश्य थीं और किसी हद तक ललित कलाओं में उनकी रुचि थी। वे कभी-कभी रवींद्रनाथ के नाटकों में अभिनय भी करती थीं।

रवींद्रनाथ ने 'जीवन-स्मृति' में मृणालिनी देवी पर अधिक रोशनी नहीं डाली है, फिर भी उनको लिखे गए पत्रों से दोनों के रिश्ते के बारे में आभास मिल सकता है। एक पत्र में कवि लिखते हैं—

"मुझे सुखी बनाने के लिए विशेष प्रयत्न न किया करो—तुम्हारे अंतर का प्रेम ही मेरे लिए यथेष्ट है। यह ठीक है कि यदि तुम्हारे और मेरे बीच

सभी कार्यों और सभी भावों में सहयोग रहता तो बहुत अच्छा होता—यह बात किसी की इच्छा के अधीन नहीं है। यदि तुम मेरे साथ सभी प्रकार के कार्यों में सभी प्रकार की शिक्षा में योग दे सकतीं तो मुझे अवश्य प्रसन्नता होती। जीवन में दो जनों का आपस में मिलकर सभी विषयों में साथ-साथ अग्रसर होने के प्रयत्न से आगे बढ़ने की क्रिया आसान हो जाती है। मैं तुम्हें किसी भी विषय में लाँघकर आगे बढ़ने की इच्छा नहीं रखता हूँ, पर तुम पर जोर डालने से तुम्हें पीड़ा पहुँचेगी—यह आशंका हर समय मन में बनी रहती है। सभी की रुचि, अनुराग और अधिकार के विषय स्वतंत्र होते हैं। मेरी इच्छा और अनुराग के साथ अपनी समस्त प्रकृति को मिला देने की क्षमता तुम्हारे अपने बस की बात नहीं है। इसलिए इस संबंध में अधिक माथापच्ची न करके अपने प्यार द्वारा, जतन द्वारा मेरे जीवन को यदि तुम मधुर बना सको, मुझे अनावश्यक दुःखों और कष्टों से बचाने की चेष्टा कर सको तो वह चेष्टा मेरे लिए बहुमूल्य साबित होगी।''

एक दूसरे पत्र में कवि शिलाइदह से कलकत्ता में रह रही अपनी पत्नी को संबोधित करते हुए लिखते हैं—

''रात बहुत बीत जाने पर जब छत पर मेरी नींद टूटी, तब चाँदनी में बैठे-बैठे मैं सोचने लगा कि इस छत पर तुम्हारी बहुत सी साँझें और रातें अनेक मार्मिक दुःखों के बीच में गुजरी हैं। मेरे हृदय की बहुत सी पीड़ाओं की स्मृतियाँ इस छत के साथ जुड़ी हुई हैं। यदि तुम आधी रात गए इस छत की चाँदनी में बैठतीं तो संभवतः फिर तुम्हारा मन धीरे-धीरे वाष्पाच्छन्न हो उठता। मैं तो अब सारे संसार को मरीचिका की तरह देखने का इस कदर आदी हो चुका हूँ कि कोई दुःख की बात मन में पैदा होते ही वह पद्म-पत्र पर जल-बिंदु की तरह शीघ्र ही लुढ़क पड़ता है।''

बाहर विपुल कर्म-कोलाहलमय जीवन की व्यस्तता और भीतर गहन भाव-तरंग-राशियों का तूफान—इन दोनों के बीच में पारिवारिक स्नेह और सुख-दुःख की कोमल वेदना के लिए भी कवि ने काफी स्थान रख छोड़ा था। उनके पत्रों से स्पष्ट होता है कि अपनी पत्नी के प्रति कवि के मन में यथेष्ट

स्नेह भावना विद्यमान थी, पर साथ ही यह भी सच है कि मृणालिनी देवी का व्यक्तित्व कवि के हृदय में कादंबरी देवी की तरह कोई गहन और सघन भाव-वेदना जगा पाने में समर्थ नहीं हो सका।

1902 में 30 वर्ष की आयु में मृणालिनी देवी का देहांत हो गया। स्वाभाविक रूप से यह घटना रवींद्रनाथ के लिए अत्यंत पीड़ादायक साबित हुई। यह स्वाभाविक पीड़ा इस दृष्टि से और अधिक मार्मिक साबित हुई कि अब अपने बाहर और भीतर के जीवन की घोर व्यस्तता के बीच चार बच्चों को पितृ-स्नेह देने के साथ ही मातृ-स्नेह देने की जिम्मेदारी भी कवि के कंधे पर आ गई।

मृणालिनी देवी की मृत्यु की अत्यंत दुःखद स्मृति में रवींद्रनाथ ने कई कविताएँ लिखीं, जिन्हें बाद में 'स्मरण' नाम से संकलित किया गया। 'स्मरण' की सभी कविताएँ कवि की अन्य कविताओं की तरह प्रभावशाली हैं। यदि उनमें 'कमी' है तो केवल यह कि उनका संबंध मृणालिनी देवी नाम की उस विशेष नारी से नहीं है, जो संयोग से ग्यारह वर्ष की उम्र में कवि के साथ विवाह के बंधन में बँधी थी, जो कवि के प्रति अपने हृदय के एक अंश का प्रेम पाकर अपने आपको कृतार्थ समझती थी और उसके लिए कृतज्ञ थी, जिसके लिए संसार में पति ही सर्वस्व थे। हालाँकि जिसके पति के लिए एकमात्र पत्नी ही सर्वस्व नहीं थी— उनके विशाल और आगम व्यक्तित्व की विराट् साधना के केवल एक अपेक्षाकृत नगण्य अंश को ही वह अधिकृत किए थी, जिसने चार बच्चों का प्रेमोपहार कवि को दिया था और जो 'तुमुल कोलाहल कलह' के बीच में— विशेष-विशेष क्षणों में—कवि के श्रांत मस्तिष्क के लिए 'हृदय की बात' बनकर रहती थी।

'स्मरण' की कविताएँ कवि के प्रतिदिन के जीवन के सुख-दुःख से संबंधित एक विशेष नारी के प्रति उतनी नहीं हैं जितनी विश्वनारी के प्रति। 'रमणी' शीर्षक में कवि ने कहा है—

"जिस प्रकार विश्वदेवता रमणी रूप धारण करके अपनी माधुरी को स्वयं चुराने के लोभी हैं, जिस प्रकार उन्होंने कण-कण में सुंदरता बिखेर दी

है, जिस रहस्य की प्रेरणा से आनंद उनके प्रेम के साथ खेलता रहता है, जिस भाव की लीला से लता में फूल है, नदी में लहरियाँ हैं, लक्ष्मी विश्व की ईश्वरी के रूप में विराजमान है, आषाढ़ का नया मेघ दृष्टि-दान करता है, तटिनी पृथ्वी को स्तनपान कराती है, जिस नियम से परम पुरुष आनंद के प्रति उत्सुक होकर अपने को दो में विभक्त करके सुख पा रहे हैं, उन दोनों के पारस्परिक मिलनाघात की एक रहस्यमयी, विचित्र वेदना नित्य वर्ण, गंध और गीत के सामंजस्य से नई-नई रचनाएँ करती रहती हैं। हे रमणी, तुमने क्षणकाल के लिए मेरे निकट आकर मेरे चित्त को उसी रहस्याभास से भर दिया है।''

इस प्रकार प्रायः सभी कविताओं में कवि ने अनंतकालीन विरह की वैयक्तिक वेदना को प्रभावशाली तरीके से विश्व-वेदना में रूपांतरित कर दिया है। रवींद्रनाथ की यह बहुत बड़ी विशेषता रही है कि उन्होंने अपनी लगभग तमाम वैयक्तिक अनुभूतियों को विश्व-अनुभूति में रूपांतरित करने में आश्चर्यजनक सफलता पाई है।

□

शांति-निकेतन

शांति-निकेतन नामक स्थान की खोज महर्षि देवेंद्रनाथ टैगोर ने की थी। रवींद्रनाथ ग्यारह साल की उम्र में, यज्ञोपवीत संस्कार के ठीक बाद ही, पहली बार शांति-निकेतन आए थे। उन्हें भी अपने पिता की तरह पहली नजर में ही वहाँ का रूक्ष, मगर गंभीर और एकांत वातावरण बहुत आकर्षक लगा था।

22 दिसंबर, 1891 को महर्षि ने शांति-निकेतन में मंदिर या मठ की स्थापना की। उस अवसर पर कलकत्ता से बहुत सारे गण्यमान्य व्यक्ति वहाँ एकत्रित हुए थे। उस अवसर पर आयोजित संगीत कार्यक्रम में भाग लेते हुए रवींद्रनाथ ने श्रोताओं को मंत्रमुग्ध कर दिया था। मंदिर की स्थापना से चार साल पहले देवेंद्रनाथ ने शांति-निकेतन की जमीन, मकान आदि सब कुछ 'ट्रस्ट डीड' के जरिए सर्वसाधारण के लिए उत्सर्ग कर दिया और संस्था संबंधी व्यय के लिए अपनी जमींदारी का अंश दान कर दिया। उस 'देवत्र' की आय से शांति-निकेतन की अतिथि सेवा, ब्रह्मोपासना, उत्सव आदि का खर्च चलाया जाता था। 'ट्रस्ट डीड' के अनुसार वहाँ किसी प्रकार की मूर्ति, प्रतिमा या प्रतीक की पूजा नहीं हो सकती थी। किसी भी धर्म की निंदा, मद्य-मांस आदि का सेवन और भ्रष्ट आमोद-प्रमोद की गतिविधियों को निषिद्ध ठहराया गया था। जब शांति-निकेतन में मंदिर की स्थापना हुई थी, तब रवींद्रनाथ ने कल्पना भी नहीं की थी कि एक दिन यह संस्था उनके जीवन की कर्म-साधना का प्रमुख केंद्र बन जाएगी।

वर्ष 1900 में रवींद्रनाथ ने अपने हृदय की किसी गूढ़ प्रेरणा से प्रभावित होकर शांति-निकेतन में जाकर बसने का निश्चय किया। पिता से इजाजत लेकर उन्होंने वहाँ एक छोटे से विद्यालय की स्थापना कर डाली। शुरू में उस विद्यालय में केवल चार विद्यार्थी पढ़ने के लिए आते थे। कुछ मित्रों और परिजनों के सहयोग और अपनी लगन तथा अध्यवसाय के फलस्वरूप वे धीरे-धीरे छात्रों की संख्या बढ़ने लगी।

उस समय तक रवींद्रनाथ ने बंगाल की जिस प्रकृति से प्रेरणा पाई थी, वह नदियों से हरी-भरी सरस और सुकोमल थी, पर शांति-निकेतन के वातावरण में प्रकृति का कुछ दूसरा ही रूप सामने आता था। वह जैसे प्रकृति का रूक्ष, भीषण और निर्मम रूप था। बंगाल की औसत गरमी की तुलना में वहाँ की गरमी अधिक झुलसानेवाली प्रतीत होती थी। दीर्घ-विस्तृत शाल वनों और कँटीली झाड़ियों से होकर कभी तूफानी हवा, कभी उत्कट गरमी, कभी प्रचंड वर्षा और कभी कंपा देनेवाली ठंड प्रकृति के रहस्यमय स्वरूप को उजागर करती थी। रवींद्रनाथ मुक्त प्रकृति के इस उद्दाम और उच्छृंखल रूप की ओर तीव्रता के साथ आकर्षित हुए।

कुछ ही वर्षों के बाद लगभग सौ विद्यार्थी उस विद्यालय में पढ़ने लगे। रवींद्रनाथ स्वयं काफी मेहनत करके और सहयोगियों की राय लेकर, विभिन्न प्रयोगों द्वारा अनुभव प्राप्त करते हुए पढ़ाई की शैली और पाठ्यक्रम निर्धारित करते थे। वे पाठ्य पुस्तकें भी स्वयं ही तैयार करते थे। तत्कालीन विद्यालयों की शिक्षा-पद्धति को रवींद्रनाथ पूरी तरह दोषपूर्ण मानते थे। उस पद्धति का उद्देश्य छात्रों को मनुष्य बनाना उतना नहीं था, जितना रटंत विद्या में पारंगत तोता बनाना था। रवींद्रनाथ स्वयं अपने बचपन के अनुभव से यह बात समझ चुके थे कि पढ़ाई की वह पद्धति कभी ठीक नहीं हो सकती, जो बच्चों को आनंद देने के बजाय उन्हें रुलाती है और उन्हें स्कूल से भागने के लिए प्रेरित करती है। इसलिए उन्होंने संस्कृत और अंग्रेजी भाषाओं को सिखाने का नया ढंग निकालकर स्वयं बच्चों के लिए उन विषयों की पुस्तकें लिखीं।

रवींद्रनाथ का झुकाव शिक्षा संबंधी प्राचीन भारतीय पद्धति की ओर अधिक

था, इसलिए उन्होंने शिक्षा के प्राचीन आश्रमों की तरह ही खुले मैदान में पेड़ों के नीचे छात्रों को पढ़ाने का नियम बना दिया— वर्षाकाल को छोड़कर। शुरुआत में उन्होंने संस्था का नाम भी ब्रह्मचर्य आश्रम रखा था। अगर कोई चंचल छात्र पेड़ के ऊपर बैठकर पढ़ना पसंद करता तो उसे मना नहीं किया जाता था। शिक्षा के माध्यम से प्राचीन भारत के सामंजस्य की ओर रवींद्रनाथ विशेष रूप से प्रयत्नशील थे। उसी आध्यात्मिक पृष्ठभूमि पर नई शिक्षा-पद्धति फूले और फले, यही उनकी आंतरिक कामना थी। उनके मन में यह धारणा जमी हुई थी कि सदियों से हर दृष्टि से पीड़ित भारत का उद्धार केवल राजनीतिक जागरण द्वारा नहीं होगा। आध्यात्मिक क्षेत्र ही युगों से भारतीय प्रतिभा के विकास का प्रमुख क्षेत्र रहा है। इसी दिशा में वह विश्व के आगे अपना मस्तक ऊँचा कर सकता है, इसलिए पाश्चात्य भौतिक और वैज्ञानिक प्रगति के महत्त्वपूर्ण पहलुओं की तनिक भी उपेक्षा न करते हुए वे इसके प्राचीन सांस्कृतिक तत्त्वों के विकास पर विशेष रूप से जोर देने लगे।

महर्षि द्वारा स्थापित मंदिर में प्रति सप्ताह दो बार प्रार्थना होती थी। प्रार्थना का संचालन रवींद्रनाथ स्वयं करते थे। उनकी अनुपस्थिति में किसी अध्यापक को यह काम सौंपा जाता था। सुबह और शाम के वक्त एक निश्चित समय ध्यान के लिए निर्धारित था। कोई छात्र ध्यान करने या न करने के लिए स्वतंत्र था, पर उस अवसर पर उसे हर हालत में शांत बैठे रहना पड़ता था। छात्रों के साथ अध्यापकों का संबंध गुरु-शिष्य का उतना नहीं रहता था, जितना पारस्परिक मैत्री का। छात्रों को शारीरिक दंड देना पूरी तरह वर्जित था।

जीवन की वास्तविकता से परिचित होने के कारण रवींद्रनाथ अच्छी तरह जानते थे कि सिर्फ प्राचीन भारतीय पद्धति को अपनाने से ही काम नहीं चलेगा। इसलिए वे पाश्चात्य शिक्षा पद्धति की खूबियों को अपनाने के लिए भी निरंतर सजग रहते थे। वे चाहते थे कि सभी छात्र स्वतंत्रता, आत्मनिर्भरता, चारित्रिक दृढ़ता आदि गुणों का विकास करते हुए आध्यात्मिक बुद्धि के साथ व्यावहारिक बुद्धि को भी अपनाते चले जाएँ, जिससे जीवन संग्राम के किसी भी क्षेत्र में वे किसी से पीछे न रहें। इस उद्देश्य से उन्होंने पश्चिम में प्रचलित शिक्षा की कई

पद्धतियों का विश्लेषण किया। उन्हें अमेरिका की जॉर्ज जूनियर रिपब्लिक की तत्कालीन शिक्षा पद्धति पसंद आई। उसी के आधार पर उन्होंने शांति-निकेतन को स्वशासित प्रजातंत्र जैसा रूप दे दिया। छात्रों की प्रमुख आवश्यकताओं के सभी साधन स्वयं उन्हीं के प्रयत्नों द्वारा जुटाए गए। डेयरी फार्म, पोस्ट ऑफिस, अस्पताल और आवश्यक वस्तुओं के कारखाने आदि स्वयं छात्रों द्वारा संचालित किए जाने लगे। कुछ समय बाद एक प्रेस भी खोला गया, जिसमें शांति-निकेतन की पुस्तकें छपने लगीं। धीरे-धीरे औद्योगिक प्रशिक्षण के प्रबंध भी किए गए। कई कुटीर उद्योगों की स्थापना की गई। एक पुस्तकालय की स्थापना की गई, जिसमें प्रतिवर्ष नई-नई, महत्त्वपूर्ण और विविध विषयक पुस्तकें संगृहीत होती चली गईं। जब कवि और शांति-निकेतन की ख्याति दुनिया भर में फैली तो विभिन्न देशों से विभिन्न भाषाओं की किताबें वहाँ के पुस्तकालय को भेजी जाने लगीं। इस तरह वह देश का प्रमुख पुस्तकालय बन गया। अवनींद्रनाथ टैगोर के प्रमुख शिष्य नंदलाल वसु की अध्यक्षता में एक कला केंद्र की स्थापना की गई।

लड़कों का विद्यालय ठीक से चलने लगा, तब कवि ने लड़कियों के लिए भी विद्यालय खोल दिया और जल्द ही सहशिक्षा का भी प्रचलन कर दिया। लड़कियाँ खेलकूद, नृत्य, संगीत, अभिनय आदि गतिविधियों में भाग लेने लगीं। महर्षि के आदि ब्रह्म समाज ने जाति भेद की पुरानी प्रथा को किसी-न-किसी रूप में कायम रखा था, पर रवींद्रनाथ आरंभ से ही इस प्रथा के घोर विरोधी थे। हालाँकि अपने इस विरोध को उन्होंने पिता के सामने कभी खुलकर प्रकट नहीं किया था, पर रवींद्रनाथ जब शांति-निकेतन में जम गए, तब उन्होंने जाति भेद के खिलाफ लगातार ठोस कदम उठाए।

शांति-निकेतन से छात्र गाँवों में जाते थे और वहाँ किसानों, मजदूरों और निम्न श्रेणी के लोगों के लिए रात्रिकालीन पाठशालाएँ खोलकर उन्हें नियमित रूप से शिक्षा देते थे। इससे जीवन के विकास के प्रारंभिक चरण में ही छात्रों के मन में जाति भेद और वर्ग भेद संबंधी मनोवृत्ति अपने आप दूर होती चली जाती थी।

1914 में रवींद्रनाथ ने श्रीनिकेतन नाम से एक कृषि विद्यालय की स्थापना

की, जो शांति-निकेतन से ही जुड़ा हुआ था। शुरू से ही वे आसपास के किसानों को भी अपनी विशाल योजना के अंतर्गत लाने के लिए अत्यंत उत्सुक थे। इसी उद्‌देश्य से वे शांति-निकेतन के छात्रों को गाँवों में शिक्षा देने के लिए भेजते थे। बाद में जब श्रीनिकेतन की स्थापना हो गई, तब दूसरे विषयों की शिक्षा के साथ ही किसानों को विज्ञानसम्मत खेती की शिक्षा विशेष रूप से दी जाने लगी। पहले तो किसानों को संदेह होने लगा कि कहीं वह जमींदार की कोई चाल न हो, पर जब उन्होंने हर तरह से परख लिया कि जमींदार के व्यक्तिगत स्वार्थ के लिए नहीं बल्कि किसानों के हित के लिए ही वह योजना आगे बढ़ाई गई थी, तब उन्होंने खुलकर सहयोग देना आरंभ कर दिया। उसी कृषि विद्यालय के अंतर्गत एक प्रयोगात्मक सामूहिक कृषि फार्म भी खोला गया। पशुपालन तथा दूसरे सामूहिक उद्योगों की शिक्षा भी उस विद्यालय में दी जाने लगी।

कवि की अटूट लगन के चलते धीरे-धीरे विद्यालय हर क्षेत्र में अग्रसर होता चला गया। शुरू में जहाँ आठ-दस छात्रों को भी जुटा पाना कठिन लग रहा था, वहीं एक दिन यह समस्या पैदा हो गई कि इतने अधिक छात्रों को रखने की समुचित व्यवस्था कैसे की जाए। एक अत्यंत सामान्य पाठशाला 1921 में सच्चे अर्थों में विश्वभारती में परिणत हो गई। दुनिया के हरेक कोने से अपने-अपने विषयों के एक से बढ़कर एक ख्यातिप्राप्त विद्वान् अध्यापक और ज्ञानपिपासु विद्यार्थी, महान् साहित्यकार और अंतरराष्ट्रीय राजनेता अध्ययन-अध्यापन और दर्शन के लिए शांति-निकेतन आने लगे।

शुरू में योग्य अध्यापकों को जुटाने की समस्या का सामना कवि को करना पड़ा था, फिर भी शुरू में जगदानंद राय, शिवधन विद्यार्णव और ब्रह्मबांधव उपाध्याय जैसे योग्य अध्यापकों को उन्होंने जुटा लिया था। विकट व्यावहारिक कठिनाइयों के बावजूद रवींद्रनाथ ने हार नहीं मानी थी। बाद के वर्षों में उनके व्यक्तित्व के प्रभाव से योग्यतम अध्यापक शांति-निकेतन में अपनी सेवा देने के लिए तैयार हो गए थे। ऐसे विद्वान् अध्यापकों ने वेतन के प्रश्न को कभी अहमियत नहीं दी और उन्होंने राष्ट्रीय गौरव की वृद्धि तथा बाधा-बंधनहीन नि:स्वार्थ और शुद्ध ज्ञानप्रचार को ही अपने जीवन का व्रत समझा। इन अध्यापकों

में नंदलाल बसु, विधुशेखर भट्टाचार्य, क्षितींद्रमोहन सेन, सतीशचंद्र मजुमदार आदि प्रमुख थे।

धीरे-धीरे रवींद्रनाथ ने अपने विशाल व्यक्तित्व केंद्र के चारों ओर एक ऐसा तपोनिष्ठ वातावरण निर्मित कर लिया, जिसने उस घोर अंधकारपूर्ण युग में केवल इसी देश को प्रकाश-पथ नहीं दिखाया, बल्कि वह संपूर्ण विश्व का प्रमुख सांस्कृतिक आलोक-स्तंभ बन गया।

1939 में कुछ हिंदी प्रेमियों के सहयोग और रवींद्रनाथ की आंतरिक इच्छा से शांति-निकेतन में हिंदी भवन की स्थापना हुई, जिसके माध्यम से हिंदी का अध्ययन और अध्यापन आचार्य हजारीप्रसाद द्विवेदी जैसे विद्वान् और योग्य व्यक्ति की देखरेख में नियमित रूप से चलने लगा।

शांति-निकेतन संसार में अपने ढंग की अकेली संस्था रही है। प्राच्य और पाश्चात्य संस्कृतियों के सभी सुंदरतम और कल्याणकारी तत्त्वों के उन्नयन और एकीकरण द्वारा एक ऐसी विकसित, विराट् और व्यापक संस्कृति के उद्भावन का स्वप्न रवींद्रनाथ ने देखा था, जो आज के युग की असंख्य भ्रमजालों में उलझी हुई, मरणोन्मुखी मानवता और मानवीय सभ्यता को सामूहिक विनाश-पथ से खींचकर, उसे सुंदर, सामंजस्यपूर्ण, समन्वयात्मक और सृजनात्मक दिशाओं की ओर मोड़ने में समर्थ हो सके।

यह सर्वविदित तथ्य है कि रवींद्रनाथ की आत्मा को शांति-निकेतन की प्रशांत कर्मभूमि में असीम शांति प्राप्त हुई। कवि ने वहाँ अपनी कर्मयोगात्मक साधना द्वारा उस महान् आध्यात्मिक सत्य की उपलब्धि की जिसकी ओर उनके प्राण जीवन के प्रारंभ से ही जाने-अनजाने उन्मुख थे। वहाँ उनके संघर्षमय जीवन की बिखरी हुई कड़ियाँ 'शान्त शिवम् अद्वैतम्' के महासूत्र में जुड़कर एक अपूर्व पूर्णता को प्राप्त हो गईं। यहीं उन्होंने उन अनुपम सुंदर अध्यात्म रसपूर्ण, मांगलिक कविताओं की रचना की जिनकी ख्याति कुछ समय बाद सारे संसार में फैल गई। 'नैवेद्य', 'खैया', 'गीतांजलि' आदि संग्रहों की कविताएँ इसी कोटि की हैं।

शांति-निकेतन का वातावरण कवि के संवेदनशील स्वभाव के लिए पूरी तरह अनुकूल साबित हुआ। अटूट शांति के साथ अविरत कर्म-प्रवाह का

सामंजस्य— इससे अधिक आत्मिक आनंद उन्हें अन्य किसी भी स्थिति में प्राप्त नहीं हो सकता था। उनकी सृजनशील प्रतिभा इस वातावरण में नित नए रूपों में अपने आपको व्यक्त करती गई।

शांति-निकेतन से संबंधित रवींद्रनाथ के अनुभवों का एक दूसरा पहलू भी है, जिसकी चर्चा किए बगैर वास्तविकता पर पूरा प्रकाश नहीं पड़ सकता। उनकी आर्थिक स्थिति कभी इस हद तक नहीं सँभल पाई कि वे शांति-निकेतन और श्री निकेतन से संबंधित अपनी सारी योजनाओं को इच्छानुसार फैलाकर क्रियान्वित कर पाते। अपना सर्वस्व उस प्राणों से भी प्रिय संस्था को दान करने पर भी वे उसे आर्थिक अभाव की दयनीय स्थिति से कभी मुक्त नहीं कर पाए। देश के समृद्ध व्यक्तियों ने कोई विशेष महत्त्वपूर्ण आर्थिक सहायता शांति-निकेतन को प्रदान नहीं की। कवि स्वयं अपने उद्यम से जो राशि जुटा पाते थे, वह सब संस्था को दे देते थे। 1913 में नोबेल पुरस्कार के रूप में जो राशि उन्हें प्राप्त हुई, उसे भी उन्होंने विश्वभारती को दान कर दिया।

बाद में अपनी रचनाओं के विदेशी अनुवादों से रॉयल्टी के रूप में वे जो कुछ भी पाते थे, वह सब शांति-निकेतन के कभी न भरने वाले उदर में चला जाता था। विश्वव्यापी ख्याति प्राप्त करने केबाद विभिन्न देशों में भ्रमण करके व्याख्यानों के जरिए जो रकम उन्होंने प्राप्त की, वह भी उन्होंने संस्था को दे दी, फिर भी संस्था का आर्थिक संकट कायम रहा। इसका एक कारण यह था कि रवींद्रनाथ धीरे-धीरे विश्व भारती के दायरे को जिस अंदाज में बढ़ाते चले जा रहे थे, उसके लिए काफी धन की आवश्यकता थी और जिसकी पूर्ति उनके छिटपुट प्रयत्नों के जरिए संभव नहीं थी।

जब उम्र बढ़ने के बाद उनका स्वास्थ्य गिरता चला जा रहा था, तब भी उन्हें संस्था की आर्थिक कमी की पूर्ति के लिए शांति-निकेतन के कलाकारों को साथ लेकर देश के बड़े-बड़े शहरों में जाकर नृत्य-संगीत के कार्यक्रम प्रस्तुत करने पड़े थे। शांति-निकेतन ने जो सांस्कृतिक चेतना देश में जगाई थी और विश्व संस्कृति के क्षेत्र में राष्ट्रीय गौरव को जिस हद तक बढ़ाया था, उससे देशवासी अच्छी तरह परिचित थे।

शांति-निकेतन में जमने पर कवि को मन के अनुकूल वातावरण और साधना के अनुकूल कर्म-प्रेरणा मिलने के कारण मानसिक शांति अवश्य प्राप्त हुई, मगर पारिवारिक और सांसारिक कष्टों ने वहाँ भी उनका पीछा नहीं छोड़ा। दिसंबर 1902 में उनकी पत्नी मृणालिनी देवी का देहांत हो गया। 1904 में उनकी द्वितीय पुत्री रेणुका क्षय रोग से पीड़ित हो गई। रवींद्रनाथ उसे उपचार के लिए रायगढ़ लेकर गए। पहाड़ी हवा भी रेणुका के जीवन की रक्षा नहीं कर पाई। 1907 में उनके छोटे पुत्र शमींद्रनाथ की मृत्यु हो गई।

1901 और 1907 के बीच रवींद्रनाथ ने कई उपन्यास लिखे, जिनमें 'चोखेर बालि' और 'गोरा' विशेष रूप से उल्लेखनीय हैं।

1907 में रवींद्रनाथ ने 'डाकघर' नाम से एक सुंदर प्रतीकात्मक नाटक लिखा। इस नाटक की प्रेरणा उन्हें एक डाकिए से मिली, जो गाँव-गाँव में चिट्ठी बाँटने जाता था और बीच-बीच में एक गीत गाता था, जिसका भाव इस प्रकार है—मैं घर-घर जाकर चिट्ठियाँ बाँटता हूँ, पर अपनी चिट्ठी कब आएगी?

'डाकघर' के बाद ही उस आध्यात्मिक भाव-वेदना की मन:स्थिति में कवि ने 'गीतांजलि' की कविताएँ लिखीं। वे प्रतिदिन कविताएँ लिखते जाते थे और उन्हें छिपाकर रखते जाते थे। न उन्हें छपवाना चाहते थे और न ही पढ़कर किसी को सुनाना चाहते थे। यह नई बात थी। इससे पहले वे अपनी लिखी रचना तुरंत दूसरों को सुनाते थे। 'गीतांजलि' की कविताएँ जब प्रकाशित हुईं तो बाँगला साहित्य जगत् में उनका बहुत साधारण स्वागत हुआ, पर इस बार कवि को न आश्चर्य हुआ न निराशा। वे उसी ढंग की आध्यात्मिक और भक्ति रस भरी कविताएँ लिखते चले गए। उन दिनों वे अकसर चाँदनी रात में बहुत देर तक शांति-निकेतन के आम्र-कुंजों में टहलते हुए अपनी धुन में डूबे हुए रहते थे।

□

विश्व मानवता के बीच

1911 में रवींद्रनाथ की मानसिक स्थिति में एक नया परिवर्तन दिखाई दिया। शांति-निकेतन के एकांतवास की एकरसता ने उन्हें विश्व मानवता के कोलाहल के बीच फिर से कूद पड़ने के लिए प्रेरित किया। वे कुछ दिनों के लिए कलकत्ता गए और वहाँ से यूरोप भ्रमण की तैयारी करने लगे, पर इस बीच एक ऐसा कारण उपस्थित हो गया जिससे उनकी यात्रा कुछ समय के लिए टल गई। उस समय रवींद्रनाथ अपने जीवन का पचासवाँ वर्ष पूरा कर चुके थे। बंगीय साहित्य-परिषद् ने, जिसके साथ कवि का पुराना संबंध था, उनकी जयंती मनाने का फैसला किया। कलकत्ता के टाउन हॉल में 28 जनवरी, 1912 को भव्य जयंती समारोह का आयोजन किया गया। आम जनता अपने प्रिय कवि का अभिनंदन करने के लिए उत्साहित हो उठी थी, मगर साहित्यिक जगत् में उस समय उनसे ईर्ष्या करने वाले लोगों की तादाद ज्यादा थी। साहित्य-परिषद् के पूरे प्रयत्नों के बावजूद एक विशिष्ट गुट का विद्वेष और विरोध वैसे ही बना रहा।

जयंती समारोह के बाद रवींद्रनाथ विदेश यात्रा पर रवाना होने वाले थे, मगर वे उसी दिन बीमार पड़ गए, जिस दिन उन्हें जहाज पर सवार होना था। डॉक्टरों ने उन्हें एक महीने तक चलने-फिरने की एकदम मनाही कर दी। वैसे उनका स्वास्थ्य पिछले दो सालों से ठीक नहीं रहता था और वे सेहत में सुधार करने के लिए वायु परिवर्तन की बात सोच रहे थे। यूरोप यात्रा का एक उद्देश्य यह भी था।

डॉक्टरों की सलाह मानकर कवि ने एक महीने तक पूर्ण विश्राम करने का निश्चय किया। कलकत्ता में उन्हें आराम नहीं मिल सकता था, इसलिए वे शिलाइदह चले गए।

पूर्ण विश्राम का निश्चय करने पर भी वे लिखना-पढ़ना छोड़ नहीं सकते थे। उन्होंने अपने शरीर और मन के ऊपर केवल इतनी ही कृपा की कि कोई मौलिक रचना न लिखकर केवल दिल बहलाने के लिए 'गीतांजलि' की कविताओं का अंग्रेजी अनुवाद करना शुरू कर दिया। इससे पहले उनके कई मित्रों, शुभचिंतकों और प्रशंसकों ने कई बार उन्हें यह सुझाया था कि वे अपनी कविताओं का अनुवाद अंग्रेजी में करें। 'प्रवासी' और 'मॉडर्न रिव्यू' पत्रिका के तत्कालीन संपादक रामानंद चट्टोपाध्याय ने जब एक बार इस संबंध में विशेष आग्रह किया, तब उत्तर के रूप में कवि ने मजाक के लहजे में अपनी कविता की दो पंक्तियाँ सुना दीं—

विदाय दियेछि जारे नयन जले ।
एखन फिराबो तारे किसेर कले॥

भावार्थ : जिसे मैं आँसुओं के जल से विदा कर चुका हूँ, अब फिर उसे किस छल से लौटाऊँ?

स्पष्ट रूप से उनका यह परिहासात्मक संकेत अपने छात्र जीवन के तकलीफदेह अनुभव की ओर था, जब उन्हें दूसरों की इच्छा के अनुसार अंग्रेजी भाषा साहित्य का अध्ययन करना पड़ता था, न कि अपने मन की स्वतंत्र प्रवृत्ति के अनुसार। वे यह बताना चाहते थे कि अंग्रेजी भाषा में लिखने की आदत वे छात्र जीवन के बाद छोड़ चुके हैं।

शिलाइदह के एकांत में शारीरिक अस्वस्थता के बावजूद अचानक उनकी अवचेतना में दबा हुआ अंग्रेजी भाषा और अंग्रेजी काव्यात्मक शैली का गहन ज्ञान परिपूर्ण शिल्प-चातुर्य के साथ उभरकर सामने आया। इसका अर्थ यह नहीं कि तब तक कवि अंग्रेजी में लिखते, पढ़ते या बोलते नहीं थे। शांति-निकेतन में रमने से पहले उन्होंने अपने बच्चों तक को पढ़ाने के लिए घर में

एक अंग्रेजी अध्यापक को नियुक्त किया था, पर तब तक अंग्रेजी में अपनी किसी रचना का अनुवाद करने की प्रवृत्ति उनके भीतर नहीं पैदा हुई थी। इसका कारण निश्चय ही यह था कि उनके मन में एक विदेशी भाषा में भावों की मौलिकता की पूरी रक्षा कर पाने के संबंध में अपनी क्षमता के प्रति अकारण संशय का भाव बना हुआ था। इसके साथ ही तब तक वे अपने मन में यह भी निश्चय नहीं कर पाते थे कि पद्य का अनुवाद पद्य ही में करना चाहिए या गद्य में। पद्य में अनुवाद करने में उनके शंकालु मन में कई कल्पित या वास्तविक कठिनाइयाँ खड़ी हो रही थीं और गद्य में पद्य का अनुवाद साहित्य रसिकों को जँचेगा या नहीं। इस संबंध में उनके मन में दुविधा बनी हुई थी।

इस बार शिलाइदह में अचानक इस संबंध में उनके मन के सारे अवरोध हट गए और उन्होंने पूरी तन्मयता के साथ एक-एक कर कई कविताओं का अनुवाद अंग्रेजी गद्य में कर डाला। वह गद्य उनकी चमत्कारी प्रतिभा के जादू से निकला था। उसके जरिए उन्होंने जैसे अंग्रेजी भाषा में पूरी तरह नई शैली का सूत्रपात कर दिया, पर तब वे स्वयं ऐसा नहीं समझते थे और अपने अनुवाद को बच्चों का खेल समझकर उससे मन-ही-मन असंतुष्ट थे।

निर्धारित समय तक स्वास्थ्य लाभ करने के बाद रवींद्रनाथ इंग्लैंड रवाना हो गए। जहाज में भी वे अनुवाद करते रहे। इंग्लैंड पहुँचने पर उन्होंने कविताओं का अनुवाद मशहूर चित्रकार रोथेनस्टाइन को दिखाया। अपने अनुवाद की यात्रा के बारे में स्वयं कवि ने लिखा है—

"शिलाइदह में केवल समय बिताने के उद्देश्य से मैंने अपने बाँगला गीतों का अनुवाद अंग्रेजी में करना आरंभ कर दिया था। वे गीत मुझे प्रिय थे और मैं दुबारा उनका रस स्वयं लेना चाहता था। मेरे मन में यह निश्चित धारणा जमी हुई थी कि वे अनुवाद किसी स्कूली छात्र के अनुवाद से अधिक महत्त्व नहीं रखते। मैंने उन्हें अजितकुमार चक्रवर्ती को दिखाया, अजित ने कहा कि वे सुंदर हैं। जब मैं लंदन के लिए रवाना हुआ, तब जहाज में भी मैं अनुवाद करता चला गया। लंदन पहुँचकर मैं एक होटल में ठहरा। वहाँ मुझे बड़ी निराशा हुई। प्रत्येक व्यक्ति मुझे छायात्मा की तरह लगता था। सुबह के

नाश्ते के बाद होटल एकदम खाली हो जाया करता था और मैं अकेला बैठा-बैठा उदास भाव से बाहर पेड़ों से भरी सड़कों पर लोगों की आवाजाही देखता रहता। मैं अकेला घबरा उठा था और देश वापस लौटने के बारे में सोचने लगा था। वैसी मन:स्थिति में मेरे लिए यह संभव नहीं था कि उस अपरिचित विदेशी जनता को ठीक से समझ पाता और उस अपरिचित स्थान के हृदय-केंद्र में प्रविष्ट हो पाता। उसके बाद सहसा मुझे याद आया कि रोथेनस्टाइन लंदन में ही हैं। मैंने सोचा कि उनके संपर्क में आने का प्रयत्न क्यों न किया जाए। जब वे एक बार कलकत्ता आए थे तो अवनींद्रनाथ से मिले थे। वहीं मैंने उन्हें देखा था, पर तब किसी ने उन्हें यह नहीं बताया था कि मैं कवि हूँ। वह केवल इतना ही जानते थे कि मैं टैगोर परिवार का एक व्यक्ति हूँ। मैंने टेलीफोन डायरेक्टरी में उनका नंबर देखा और फिर फोन कर उनसे बातचीत की। वह तुरंत मेरे पास आ गए और उनकी मदद से एक बेहतर स्थान पर मेरे ठहरने का इंतजाम हो गया। वह जगह उनके पड़ोस में ही थी। वे अकसर मुझसे मिलने आते रहते थे। एक दिन बातों ही बातों में उन्होंने मुझसे कहा—'मैंने सुना है कि आप कवि हैं। क्या आप अपनी कविता के संबंध में कुछ आभास मुझे दे सकते हैं?' मैंने उन्हें बताया कि मेरे पास अपनी कुछ कविताओं के गद्यानुवाद रखे हैं, पर मेरी धारणा है कि अनुवाद की अंग्रेजी अच्छी नहीं बन पाई है। उन्होंने अनुवादों को देखना चाहा। वे अपने साथ अनुवाद ले गए। एक-दो दिन बाद वे अत्यंत उत्सुक भाव से मेरे पास आकर बोले कि वे अनुवाद अत्यंत आश्चर्यजनक रूप से सुंदर हैं और ऐसी चीज इससे पहले उन्होंने कभी पढ़ी नहीं। मैंने सोचा कि वे केवल चित्रकार हैं और साहित्य की बारीकियों को समझने में असमर्थ हैं; इसीलिए इस तरह की बात कह रहे हैं। उन्होंने मेरे मुख की मुद्रा को देखकर भांप लिया कि मुझे उनकी बात पर विश्वास नहीं था।

"उन्होंने उन अनुवादों को टाइप कराया और कवि यीट्स, स्टाफोर्ड ब्रुक और ब्रेडले को उनकी प्रतियाँ भेजीं। ब्रेडले ने उत्तर में लिखा कि उन्होंने इस बात की आशा नहीं की थी कि उन्हें एक वास्तविक कवि की रचनाएँ पढ़ने

को मिलेंगी। यीट्स और स्टाफोर्ड भी काफी प्रभावित हुए। रोथेनस्टाइन ने अपने घर में एक गोष्ठी का आयोजन किया। उस गोष्ठी में यीट्स ने कई व्यक्तियों के बीच मेरी अनुवादित कविताओं का पाठ किया। श्रोताओं में मिस मे. सिंक्लेचर और नेविंसन भी शामिल थे। वहीं मैं पहली बार एंड्रयू से मिला। यीट्स ने बहुत ही छोटी-छोटी कविताएँ चुनकर पढ़ीं। मुझे लगा कि यह मेरे साथ अन्याय हो रहा है। मैंने सोचा कि इन छोटी कविताओं का क्या प्रभाव श्रोताओं पर पड़ सकता है? वे उनके मन के ऊपरी स्तर को छूकर निकल जाएँगी, अंग्रेज लोग अपने मन के भाव का अधिक प्रदर्शन करना पसंद नहीं करते, इसलिए मैं उस समय कुछ भी अनुमान न लगा सका कि उनके मन में मेरी कविताएँ सुनकर क्या प्रतिक्रिया हुई। मैं मन-ही-मन यीट्स से नाराज हो रहा था, पर दूसरे ही दिन मिस सिंक्लेचर तथा दूसरे व्यक्तियों के पत्र मेरे पास पहुँचे। यह जानकर कि उन लोगों पर मेरी कविताओं का कैसा गहरा प्रभाव पड़ा है, मेरे आश्चर्य का ठिकाना न रहा। बाद में धीरे-धीरे मेरे मन में यह विश्वास जम सका कि उन लोगों ने जो प्रशंसा की है, वह केवल शिष्टाचारवश नहीं की है, बल्कि अपने हृदय की सच्ची अनुभूति प्रकट की है।''

इस प्रकार एक दिन अचानक अप्रत्याशित रूप से रवींद्रनाथ पाश्चात्य प्रबुद्ध वर्ग के बीच मशहूर हो उठे। उक्त गोष्ठी के बाद इंडिया सोसाइटी ने एक और गोष्ठी का आयोजन कवि के सम्मान में किया। उस गोष्ठी में यीट्स, एच.जी. वेल्स, मे. सिंक्लेचर, नेविंसन, हेवेल, रोथेनस्टाइन आदि मशहूर कवि, उपन्यासकार, कलाकार और समालोचक मौजूद थे। गोष्ठी की अध्यक्षता डब्ल्यू. बी. यीट्स ने की थी। यीट्स ने अपने भाषण में कहा—

''एक शिल्पी के जीवन में वह दिन सबसे अधिक महत्त्वपूर्ण होता है, जब वह एक ऐसी प्रतिमा का आविष्कार करता है, जिसके अस्तित्व का कोई ज्ञान उसे पहले नहीं था। मेरे काव्य जीवन में भी आज इसी तरह की एक महान् घटना घटी है, जब रवींद्रनाथ टैगोर का अभिनंदन करने का दायित्व मुझे सौंपा गया है। पिछले कुछ वर्षों में लिखे गए उनके लगभग 100 गीतों के अनुवाद की पांडुलिपि मैं आजकल अपने साथ लिये फिर रहा हूँ। मैं किसी

भी ऐसे समसामयिक ब्रिटिश कवि से परिचित नहीं हूँ जिनकी रचनाएँ इन अनूदित कविताओं की तुलना में ठहर सकें। अंग्रेजी गद्य में अनूदित इन कविताओं को पढ़कर मुझे लगता है कि क्या शैली, क्या रूप गठन और क्या भाव—सभी दृष्टियों में ये अतुलनीय हैं। सैकड़ों वर्ष पूर्व यूरोप इस शैली से किसी हद तक परिचित था। मैंने जब बहुत सोचा कि हमारे पाश्चात्य साहित्य में ऐसा कौन ग्रंथ हो सकता है जिससे इन अनूदित कविताओं की तुलना की जा सकती है, तब मुझे टॉमस ए. केम्पिस की 'ईसा का अनुकरण' शीर्षक रचना की याद आई। इन दोनों में किसी हद तक समानता अवश्य है, फिर भी दोनों के दृष्टिकोण में जमीन-आसमान का फर्क है। टॉमस ए. केम्पिस पाप की चिंता से किस हद तक पीड़ित हैं, यह सोचकर मन आतंकित हो उठता है। पर जिस कवि का परिचय मैं आज आप लोगों को दे रहा हूँ, उसका बच्चे की तरह निष्पाप और जीवन के सहज आनंद से उल्लसित हृदय पाप के संबंध में तनिक भी चिंतित नहीं है। टॉयम ए. केम्पिस की रचना में प्रकृति के प्रति प्रेम के लिए कोई स्थान नहीं है। उनके कठोर धार्मिक हृदय को इस प्रकार का प्रेम कभी छू नहीं सकता था, किंतु रवींद्रनाथ प्रकृति के सच्चे प्रेमी हैं। उनके अंतर की गहराई से उमड़ा हुआ आध्यात्मिक प्रेम प्रकृति प्रेम के साथ सहज रूप में घुल-मिलकर जैसे एकाकार हो गया है।''

इसके बाद यीट्स ने कवि द्वारा गद्य में अनूदित तीन कविताओं का पाठ किया। उनमें से दो कविताएँ 'नैवेद्य' की थीं और एक 'गीतांजलि' की। यीट्स के बाद एक-दो वक्ताओं ने विचार व्यक्त किए, फिर रवींद्रनाथ ने बोलना शुरू किया। उन्होंने कहा—

''आज की शाम आप लोगों ने मुझे जो सम्मान दिया है, उसके लिए उपयुक्त धन्यवाद के शब्द मैं उस भाषा में खोज नहीं पाता हूँ जिसमें मुझे बोलना पड़ रहा है, और जिससे मैं जन्म से परिचित नहीं हूँ। मेरी अपनी भाषा अत्यंत ईर्ष्या परायण गृहिणी की तरह प्रारंभ से ही मेरी समस्त सेवाओं का दावा अकेले अपने लिए करती चली आ रही है और अपने राज्य में किसी भी प्रतिद्वंद्वी के अनधिकार-प्रवेश को तनिक भी प्रश्रय उसने कभी नहीं दिया।

आप लोगों के बीच में आने पर एक अत्यंत महत्त्वपूर्ण तथ्य से मैं परिचित हुआ हूँ—वह यह कि हम लोगों की भाषाएँ और आचार-व्यवहार भले ही भिन्न हैं, फिर भी हम सबका हृदय एक है। यह ठीक है कि पूरब, पूरब है और पश्चिम, पश्चिम और ईश्वर न करे कि कभी इसके विपरीत हो, फिर भी ये दोनों परस्पर मिल सकते हैं—पारस्परिक सौहार्द के सूत्र में दोनों को एक दिन मिलना ही होगा। दोनों में अंतर होने के कारण ही इन दोनों का मिलन और अधिक सफल होगा। विश्व मानव की समान वेदिका के सम्मुख दोनों एक दिन पवित्र विवाह बंधन में संयुक्त होकर रहेंगे।''

दूसरे दिन से कवि के पास सराहना के पत्र आने लगे। एक कवयित्री ने लिखा—''जिस दिन मैंने बाइबिल का कुछ अंश पढ़ा था, उस दिन जो आनंदानुभूति मन में पैदा हुई थी, वैसी उसके बाद फिर कल ही पैदा हुई, जब आपकी कुछ अनूदित कविताएँ सुनीं।''

एक दूसरे सज्जन ने लिखा—''ईसाई रहस्यवाद इंद्रिय ग्राह्य उपमाओं से पूर्ण है। वह सूक्ष्म अनुभूति द्वारा जगत के मायावरण को भेदकर सत्य को सुस्पष्ट नहीं देख पाया है। उसकी यह अपूर्णता मुझे कभी तृप्ति नहीं दे सकी, जो परिपूर्ण तृप्ति दृष्टि मैं चाहता हूँ, वह कल रात आपकी कविताओं से मुझे प्राप्त हुई।''

इंग्लैंड के विभिन्न अखबारों में रवींद्रनाथ के व्यक्तित्व और कविता की असाधारण प्रशंसा छपने लगी। 'मैनचेस्टर गार्जियन' ने लिखा—''भारत के श्रेष्ठ कवि और नाटककार रवींद्रनाथ के आगमन से इस देश में जो रुझान, उत्सुकता, कौतूहल और प्रशंसा के भाव उमड़ पड़े हैं, वैसा इस युग में किसी भी प्राच्य अतिथि के संबंध में कभी नहीं देखा गया।''

'डेली न्यूज' ने लिखा—''कवि के गीतों को सस्वर पढ़ने पर ऐसा अनुभव होने लगता है जैसे हम आध्यात्मिक आनंद की ओर बहे चले जा रहे हों।''

इंडिया सोसाइटी ने यीट्स के संपादन में कवि के अनूदित गीतों का संग्रह 'गीतांजलि' नाम से प्रकाशित किया। यह संस्करण केवल सोसाइटी के

सदस्यों के लिए था और केवल 750 प्रतियाँ प्रकाशित की गई थीं। यीट्स ने इसके लिए प्रभावशाली भूमिका लिखी थी। उस संस्करण के छपते ही साहित्य जगत् में तहलका मच गया। पश्चिम के साहित्य मर्मज्ञों को भारत के साहित्य की प्रगति के संबंध में नया ज्ञान हुआ और उनकी आँखें खुल गईं। चारों ओर रवींद्रनाथ का स्वागत होने लगा। शीघ्र ही अमेरिका तथा दूसरे देशों में भी उनकी ख्याति फैल गई।

कुछ दिन कवि इंग्लैंड के देहात में स्वास्थ्य सुधार के उद्देश्य से जाकर रहे। उसके बाद वे अमेरिका चले गए। वहाँ शिकागो और हार्वर्ड विश्वविद्यालय में उन्होंने भारतीय सभ्यता तथा संस्कृति पर कई व्याख्यान दिए। नवीन विश्व संस्कृति के निर्माण में प्राचीन भारतीय आध्यात्मिक आदर्श किस प्रकार सहायक सिद्ध हो सकते हैं—इस बात पर उन्होंने रोशनी डाली। इसके साथ ही उन्होंने रंगभेद और जातीय संघर्ष के समाधान के बारे में भी मानवतावादी विचारों को व्यक्त किया। युद्ध-उन्मादी राष्ट्रों की होड़ और पारस्परिक ईर्ष्या की प्रवृत्ति का उन्होंने विरोध किया। उन्होंने विश्वशांति और परस्पर मैत्री की राह पर चलने की सलाह दी।

हार्वर्ड विश्वविद्यालय में दिए गए उनके कई व्याख्यानों को बाद में 'साधना' शीर्षक के साथ पुस्तकाकार प्रकाशित किया गया। 1913 के शरत्काल में रवींद्रनाथ भारत लौट आए। इस बीच भारतीय अखबारों में भी उनकी विदेश यात्रा की काफी चर्चा हो चुकी थी। जब वे बंबई बंदरगाह पर जहाज से उतरे तो उन्होंने देखा कि कई लोग हाथों में मालाएँ लिए खड़े थे। रवींद्रनाथ ने सोचा कि किसी अंग्रेज पदाधिकारी के स्वागत के लिए लोग इकट्ठे हुए होंगे, मगर बाद में पता चला कि वे मालाएँ उन्हीं के लिए थीं।

कवि के भारत लौटने के कुछ ही दिनों बाद 13 नवंबर के दिन समाचार एजेंसी रायटर का यह समाचार भारत पहुँचा कि भारतीय कवि रवींद्रनाथ टैगोर को उनकी कृति गीतांजलि पर साहित्य का नोबेल पुरस्कार देने की घोषणा की गई है। पराधीन देश के एक कवि को संसार का सर्वोच्च साहित्यिक सम्मान प्राप्त हुआ है, इस सूचना से समूचे देश में खुशी की लहर दौड़ गई।

रवींद्रनाथ के पास दूर-दूर से बधाई के तार आने लगे। शांति-निकेतन में उत्सव मनाया गया। रवींद्रनाथ को यह सब प्रदर्शन अच्छा नहीं लग रहा था, पर वे छात्रों और अध्यापकों को उत्सव मनाने से रोक नहीं पाए। उनके मुँह से केवल ये शब्द निकले—"अब मैं जीवन में कभी शांति से नहीं रह पाऊँगा।"

कलकत्ता से लगभग 500 साहित्यकार, कला मर्मज्ञ, कवि और पत्रकार रवींद्रनाथ का अभिनंदन करने के लिए शांति-निकेतन पहुँचे। रवींद्रनाथ का स्वाभिमानी ह्रदय इस बनावटी व्यवहार से आहत हो उठा। उन्हें लगा कि स्पष्ट बातें कहने का यह सबसे अच्छा अवसर है। उन्होंने आगंतुकों को संबोधित करते हुए कहा—

"आप लोगों में से अधिकांश सज्जन ऐसे हैं जो मुझे सम्मान देने नहीं, बल्कि एक विदेशी संस्था द्वारा दिए गए पुरस्कार के प्रति सम्मान प्रदर्शित करने आए हैं। इतने दिनों तक आप लोग या तो मेरी रचनाओं की निंदा करते रहे या उन्हें पढ़ने योग्य नहीं समझते रहे। आज कौन सी नई बात हो गई? यही न कि मुझे नोबेल पुरस्कार प्राप्त हुआ है? मैं आप लोगों से सत्य कहता हूँ कि यदि मेरे देशवासियों ने मेरी रचनाएँ पढ़कर उनसे आनंद पाकर मेरे प्रति स्नेह भावना प्रकट की होती तो वह मेरे लिए कई गुना अधिक मूल्यवान होती, पर आप लोग विदेशी सम्मान से प्रभावित होकर मेरा अभिनंदन करने आए हैं, इसलिए इस अभिनंदन का मेरे लिए कोई मूल्य नहीं है।"

यह बात सुनकर कई लोग नाराज हो गए और एक बार फिर कवि के विरुद्ध बवंडर पैदा हो गया।

भारत के विभिन्न प्रांतों से प्रतिदिन कई पत्रकार रवींद्रनाथ के पास आते थे और पूछते थे—"आपने नोबेल पुरस्कार कैसे प्राप्त किया?" कइयों को यहाँ तक संदेह हुआ कि चूँकि रवींद्रनाथ धनी हैं, इसलिए ढेर सारे रुपए लुटाकर उन्होंने यह पुरस्कार पाया है। दक्षिण भारत से कई सज्जन अपनी अंग्रेजी कविताएँ उनके पास भेजते थे और पूछते थे कि वे नोबेल पुरस्कार के उपयुक्त हैं या नहीं।

कलकत्ता विश्वविद्यालय भी इतने दिनों की उपेक्षा के बाद रवींद्रनाथ

को सम्मानित करने के लिए अधीर हो उठा। कुछ साल पहले रवींद्रनाथ के एक प्रशंसक ने जब कलकत्ता विश्वविद्यालय के समक्ष यह सुझाव रखा था कि उन्हें डी. लिट. की मानद उपाधि प्रदान की जाए, तब इस संक्षिप्त उत्तर के साथ उस प्रस्ताव को अस्वीकृत कर दिया गया था कि ''रवींद्रनाथ बाँगला भाषा के विद्वान् नहीं हैं''। एक दूसरे सज्जन ने जब एक बार सुझाया था कि रवींद्रनाथ को मैट्रिकुलेशन के लिए बाँगला भाषा का परीक्षक नियुक्त किया जाए, तब कुछ पत्रों ने इस आधार पर इस प्रस्ताव का विरोध किया था कि कवि शुद्ध भाषा लिखना नहीं जानते। मैट्रिकुलेशन की बाँगला भाषा संबंधी परीक्षा के कुछ प्रश्न-पत्रों में रवींद्रनाथ के गद्य से कुछ अंश उद्धृत करके परीक्षार्थियों से उसे 'शुद्ध बांग्ला भाषा' में फिर से लिखने के लिए कहा जाता था। लेकिन नोबेल पुरस्कार मिलने के एक महीने बाद ही कलकत्ता विश्वविद्यालय ने रवींद्रनाथ को डी. लिट. की मानद उपाधि प्रदान करने का फैसला किया। अपने प्रदेश के लोगों की ऐसी मानसिकता को देखकर रवींद्रनाथ स्वाभाविक रूप से मर्माहत हुए थे।

1915 में उन्हें ब्रिटिश सरकार की तरफ से 'सर' की उपाधि प्रदान की गई। 'इस सम्मान' से कवि ने अपने को कभी सम्मानित अनुभव नहीं किया, पर उस समय उसे अस्वीकार भी नहीं किया और उदासीन बने रहे।

नोबेल पुरस्कार मिलने पर रवींद्रनाथ चारों ओर से प्रशंसकों और अभिनंदनकारियों के जिस कोलाहल से घिर गए थे, उसका प्रवाह जब कुछ थमा तब उन्होंने लिखा—

कोलाहल तो वारण होलो
एबार कथा काने-काने,
एखन होबे प्राणेर आलाप
केवलमात्र गाने-गाने।

भावार्थ : कोलाहल तो अब शांत हो गया, अब कानो-कान बात होगी। अब प्राणों का आलाप बातों द्वारा नहीं, बल्कि गीतों द्वारा होगा।

□

नोबेल पुरस्कार से सम्मानित कृति 'गीतांजलि'

'गीतांजलि' बाँगला में लिखित 157 गीति रचनाओं का संग्रह है। इसके रचयिता विश्व प्रतिष्ठित कवि, कथाकार, नाटककार, शिक्षाशास्त्री, विचारक और चित्रकार रवींद्रनाथ टैगोर हैं। इसका प्रथम प्रकाशन 1910 के सितंबर महीने में इंडियन पब्लिकेशन हाउस, कलकत्ता द्वारा किया गया था। इस कृति को विशेष ख्याति तब मिली, जब स्वयं कवि द्वारा इसके अधिकांश गीतों के अंग्रेजी गद्यानुवाद की प्रस्तुति 'गीतांजलि (सॉन्ग ऑफरिंग्स)' नामक कृति के रूप में हुई। अंग्रेजी गीतांजलि में बाँगला गीतांजलि के 53 गीतों के अंग्रेजी अनुवाद शामिल हैं। अन्य 50 गीत कवि के दूसरे संकलनों और असंकलित गीतों से शामिल किए गए थे। इसका प्रथम प्रकाशन 1912 के नवंबर महीने में इंडिया सोसाइटी, लंदन द्वारा किया गया था। इस अंग्रेजी संस्करण की भूमिका प्रतिष्ठित अंग्रेजी कवि डब्ल्यू.बी. यीट्स ने लिखी थी।

13 नवंबर, 1913 को रवींद्रनाथ टैगोर को उनकी अंग्रेजी रचना 'गीतांजलि' के लिए नोबेल पुरस्कार प्रदान किए जाने की घोषणा की गई। नोबेल पुरस्कार प्राप्त करने वाली यह प्रथम एशियाई साहित्यिक कृति थी। तब तक रवींद्रनाथ टैगोर की एक सौ कृतियाँ प्रकाशित हो चुकी थीं। इनमें 'चित्रांगदा' (काव्य नाटिका, 1892), 'गल्पगुच्छ' (कहानी संग्रह, दो खंडों में, 1900-01), चोखेर बालि (उपन्यास, 1903), 'चिरकुमार सभा' (नाटक,

1904), 'नौका डूबी' (उपन्यास, 1905), 'गोरा' (उपन्यास, 1909), 'राजा' (नाटक, 1910) तथा तीन बृहत् काव्यसंग्रह 'काव्य ग्रंथावली' (1896), 'काव्य ग्रंथ' (1903) एवं 'रवींद्र ग्रंथावली (1904) और प्रतिनिधि कविताओं का संग्रह 'चयनिका' (1909) जैसी पुस्तकें शामिल थीं। परंपरानुसार उनके उपन्यास और लंबी रचनाएँ पुस्तकाकार प्रकाशन से पूर्व पत्र-पत्रिकाओं में प्रकाशित हो चुके थे। इसलिए अपने जीवन का अर्द्धशतक पूरा कर चुके रवींद्रनाथ टैगोर के मन में इस बात का क्षोभ था कि अब तक उन्हें कोई विशिष्ट पहचान या मान-सम्मान अपने देश में प्राप्त नहीं हुआ। इस संदर्भ में उन्होंने 23 नवंबर, 1913 को शांति-निकेतन में अपने सार्वजनिक अभिनंदन समारोह के अवसर पर अपना असंतोष व्यक्त किया था—

"अपने देश के हाथों मुझे जो अपमान और अपयश भोगना पड़ा, उसका परिमाण कोई कम नहीं था। अब तक मैंने उसे धैर्य से ही सहा है। इस संदर्भ में मुझे यह बात ठीक से समझ नहीं आती कि सम्मान मुझे बाहर से क्यों मिला। पूर्वी तट पर बैठा मैं ईश्वर को अपनी श्रद्धांजलि अर्पित कर रहा था तो यह नहीं जानता था कि उसे स्वीकार करने के लिए वह अपना दायाँ हाथ पश्चिमी तट पर फैलाएगा।"

हो सकता है, रवींद्रनाथ के ये उद्‌गार किन्हीं तात्कालिक कारणों से अथवा दकियानूसी बंगाली समाज से प्राप्त उपेक्षा के कारण हों, क्योंकि उनके लेखन में ही नहीं, उनके जीवन व्यवहार में भी रूढ़िवादी परंपराओं और रीति-रिवाजों के प्रति विरोध का भाव था, लेकिन हिंदी जगत् उनके महत्त्व को काफी पहले से स्वीकार करने लगा था। हिंदी की प्रतिष्ठित पत्रिका 'सरस्वती' में उनकी रचनाओं के अनुवाद 1901 से ही प्रकाशित होने लगे थे। सुपरिच्चित हिंदी कथाकार गोपालराम गहमरी उनकी काव्यनाटिका 'चित्रांगदा' का हिंदी अनुवाद 1895 में प्रकाशित करवा चुके थे। सरस्वती के मार्च 1912 के अंक में संपादक प्रवर आचार्य महावीरप्रसाद द्विवेदी द्वारा लिखा गया 'कविवर रवींद्रनाथ टैगोर' शीर्षक व्यक्ति-चित्र भी इस बात का प्रमाण है कि विश्वकवि कुलगुरु के रूप में प्रतिष्ठित होने वाले इस मनीषी की पहचान

हिंदी साहित्य समाज ने समय रहते ही कर ली थी।

आचार्य महावीरप्रसाद द्विवेदी ने उक्त व्यक्ति-चित्र की शुरुआत में ही लिखा है—"कविवर रवींद्रनाथ टैगोर बंगाल के प्रसिद्ध पुरुषों में से हैं। वे बंग साहित्य के देदीप्यमान रत्न हैं। बंगाल में ऐसा कोई भी घर न होगा, जिसमें उनके काव्य और निबंध, उनके उपन्यास और नाटक, उनकी आख्यायिकाएँ और गान न पढ़े जाते हों। उन्होंने अपनी लेखनी के बल से शिक्षित बंगालियों के विचारों में बहुत बड़ा परिवर्तन कर डाला है, इसलिए वे इस समय बंग भाषा के अद्वितीय लेखक समझे जाते हैं।"

इस उक्ति से ऐसा स्पष्ट नजर आता है कि रवींद्रनाथ टैगोर के प्रगतिशील विचारों और व्यवहारों को शिक्षित समाज के बीच मान्यता भी मिल रही थी। इस लेख के अंत में द्विवेदीजी ने लिखा है—"गत जनवरी में बंगाल ने जो सम्मान रवींद्र बाबू का किया और हाथी दाँत के पत्र पर रचित अभिनंदन पत्र, रजत अर्घ्यपात्र, सोने का एक कमल और एक माला आदि चीजें जो उन्हें भेंट कीं, वह सम्मान और वह भेंट यथार्थ में रवींद्र बाबू को नहीं, बल्कि देवी सरस्वती को है। धन्य है वह देश और वह जाति, जो अपने साहित्य-सेवियों का आदर करके भगवती सरस्वती की उपासना करे और धन्य है वह महान् पुरुष, जो सरस्वती-मंदिर का पुजारी होने के कारण अपने देश और जातिवालों से सम्मानित हो।"

यहाँ द्विवेदीजी का संकेत रवींद्रनाथ टैगोर के उस नागरिक सम्मान की ओर है, जिसका आयोजन 12 जनवरी, 1912 को बंगीय साहित्य-परिषद द्वारा कलकत्ता के टाउन हॉल में उनके जन्मोत्सव के रूप में किया गया था। रवींद्रनाथ के जीवनीकार प्रभातकुमार मुखर्जी ने लिखा है—"बंगाल में किसी साहित्यिक प्रतिभा के नागरिक सम्मान का यह पहला अवसर था। रवींद्रनाथ से पूर्व किसी भी साहित्यकार को ऐसा सम्मान प्राप्त नहीं हुआ था।"

उपर्युक्त तथ्य को ध्यान में रखते हुए 23 नवंबर, 1913 को शांति-निकेतन के समारोह में रवींद्रनाथ टैगोर द्वारा व्यक्त किया गया रोष न समझ में आनेवाली बात है। 12 जनवरी, 1912 का वह अभूतपूर्व नागरिक सम्मान

समारोह ही नहीं, कई अन्य ऐसे तथ्य भी हैं, जो यह साबित करते हैं कि एक लेखक और शिक्षाशास्त्री के रूप में रवींद्रनाथ को बंगाल में भी पर्याप्त प्रतिष्ठा और मान्यता मिली हुई थी। उनके द्वारा लिखित राष्ट्रगान 'जन-गण-मन' कलकत्ता में 27 दिसंबर, 1911 को आयोजित कांग्रेस के छब्बीसवें अधिवेशन में पहली बार गाया गया था। रवींद्रनाथ टैगोर को कलकत्ता विश्वविद्यालय द्वारा उनकी साहित्यिक उपलब्धियों के लिए डी. लिट. की मानद उपाधि से विभूषित किए जाने का निर्णय पुरस्कार की घोषणा से पहले ही लिया जा चुका था। यह मानद उपाधि उन्हें 26 दिसंबर,1913 को कलकत्ता विश्वविद्यालय द्वारा आयोजित विशेष दीक्षांत समारोह में प्रदान की गई।

1913 में अंग्रेजी गीतांजलि को नोबेल पुरस्कार दिए जाने की घोषणा और 1914 के आरंभ में इसे प्रदान किए जाने के साथ ही रवींद्रनाथ टैगोर को देश-विदेश में विशेष एवं व्यापक रूप से पहचान और मान्यता मिली। नोबेल पुरस्कार की घोषणा के पूर्व ही मैकमिलन, लंदन द्वारा मार्च 1913 में गीतांजलि के अंग्रेजी अनुवाद का राज संस्करण प्रकाशित किया गया था। अगले दो वर्षों में इसके बीस संस्करण प्रकाशित हुए। उनकी इस कृति के विभिन्न देशी-विदेशी भाषाओं में शीघ्रता से अनुवाद प्रकाशित किए जाने लगे, जिनको प्रबुद्ध पाठकों से भूरि-भूरि प्रशंसा भी प्राप्त हुई। चूँकि गीतांजलि के गीत ईश्वरीय सत्ता के प्रति वैयक्तिक भावों की अंजलि के रूप में प्रस्तुत किए गए थे, इसलिए उन्हें भारत के आध्यात्मिक राजदूत की सी प्रतिष्ठा मिली। 'सरस्वती' के जून एवं दिसंबर 1913 के अंकों में भी रवींद्रनाथ टैगोर के विदेश में सम्मान और नोबेल पुरस्कार प्राप्ति को लेकर उनका अभिनंदन प्रकाशित हुआ।

नोबेल पुरस्कार की प्राप्ति के बाद ब्रिटिश सरकार ने भी उन्हें सम्राट् जार्ज पंचम के जन्मदिवस पर 3 जून, 1915 को नाइट हुड की उपाधि प्रदान की। 1913 में अंग्रेजी गीतांजलि के अनुवाद डेनिश, स्वीडिश और रूसी भाषाओं में हो चुके थे, जबकि 1914 में इसके अनुवाद फ्रांसीसी, जर्मन, इतालवी, डच, चेक, चीनी और उर्दू भाषाओं में प्रकाशित हुए। 1915 में इसके अनुवाद जापानी, हिंदी, तमिल और तेलुगु भाषाओं में हो चुके थे।

बाद में विभिन्न देशी-विदेशी भाषाओं में गीतांजलि और रवींद्रनाथ टैगोर की अन्य रचनाओं के अनुवाद निरंतर प्रकाशित होते रहे और आज भी हो रहे हैं। गीतांजलि के प्रथम प्रकाशित अनुवादों में मराठी, (1917), गुजराती (1918) पोलिश (1918), स्पानी (1918), मलयालम (1919), ग्रीक (1920), सेश्रो क्रोएशियाई (1921), हंगारी (1921), हिब्रू (1922), रोमानियाई (1923), स्लोवेन (1924), लिथुआई (1924), लातिपियाई (1930), एस्तोनियाई (1936), नेपाली (1938), संस्कृत (1939), पंजाबी (1941), तुर्की (1941), सिंधी (1942), कन्नड़ (1944), इंडोनेशियाई (1952), अरबी (1955), ओड़िया (1961), मैथिली (1966), असमिया (1967), संथाली (1970), कोरियाई (1982)का उल्लेख होगा।

अंग्रेजी गीतांजलि की भूमिका में डब्ल्यू.बी. यीट्स ने लिखा है—"मेरे भारतीय मित्र कहते हैं कि मूल रूप में ये गीत सूक्ष्म लयात्मकता, अनूदित न हो सकने वाले आस्वाद और नवीन छंदों से भरपूर हैं। उनकी सोच में जो संसार नजर आता है, उसको मैंने अपनी लंबी जिंदगी में कभी सपने में भी नहीं देखा। यह एक सर्वोच्च सांस्कृतिक अभिव्यक्ति है, जो अत्यंत साधारण माटी, तृणों और पौधों से जन्मी हुई लगती है। एक परंपरा, जहाँ काव्य और धर्म समान रहे हैं, सदियों से चली आ रही है, ज्ञान और अज्ञान के प्रतीकों और भावों से ग्रहण करते हुए तथा विद्वानों और आदर्शों की सोचों को बार-बार समृद्ध करते हुए।"

यीट्स आगे लिखते हैं—"रवींद्रनाथ टैगोर चौसर की परंपरा को आगे बढ़ाते हुए अपने गीतों का संगीत तैयार करते हैं, कोई भी यह समझ सकता है कि प्रत्येक पल वे इतने समृद्ध, इतने स्वाभाविक, भावाभिव्यक्ति के प्रति इतने साहसी और विस्मयों से परिपूर्ण इसलिए हैं, क्योंकि वे वह कार्य कर रहे हैं, जिसे कभी भी विचित्र, अस्वाभाविक अथवा स्पष्टीकरण योग्य नहीं समझा गया।"

प्रतिष्ठित अंग्रेजी लेखक एजरा पाउंड ने अंग्रेजी गीतांजलि की एक विस्तृत समीक्षा की शुरुआत में ही लिखा—"रवींद्रनाथ टैगोर की कविताओं

का मेरे मन पर बहुत गहरा प्रभाव पड़ा है। शायद मेरे पास ऐसी कोई सटीक अभिव्यक्ति नहीं, जिसके माध्यम से मैं पाठकों को उस प्रभाव से परिचित करा सकूँ।" विवेचन-क्रम में वे आगे लिखते हैं—"सामान्य पाठकों को इन कविताओं का अतिशय धार्मिक भाव इनका दोष नजर आ सकता है, मगर मैं इसे इनकी धर्मनिष्ठा दांते के काव्य की धर्मनिष्ठा की तरह मानता हूँ, जिसका अपना अलग ही एक सौंदर्य है। रवींद्रनाथ टैगोर के काव्य के आकर्षण का स्रोत इसका सूक्ष्म आंतरिक प्रवाह है। यह और कुछ नहीं, बल्कि उनकी 'जीवन-संवेदना' है।"

प्रख्यात विद्वान् हॉल्सट्रॉम ने स्वीडिश अकादमी की नोबेल पुरस्कार समिति को दिए गए अपने संस्तुति प्रतिवेदन में लिखा—"चूँकि मैं इस कृति की भाषा और भारतीय साहित्य से भी पूरी तरह अपरिचित हूँ, इसलिए मुझे इस बात का झूठा अभिमान नहीं है कि गीतांजलि के बारे में मैं जो कुछ भी कहने जा रहा हूँ। वह विशेषज्ञ के प्रतिवेदन के रूप में जरा सा भी काम के लायक है। मैं केवल अपना यह विचार प्रकट करना चाहता हूँ कि स्वयं कवि द्वारा अंग्रेजी में अनूदित कविताओं का यह लघु संकलन विस्मयकारी ढंग से ऐसा समृद्ध और मौलिक काव्यात्मक प्रभाव पैदा करता है कि इसे पुरस्कृत करने के प्रस्ताव में कुछ भी असंगत या मूर्खतापूर्ण नहीं है, क्योंकि जहाँ तक इसकी श्रेष्ठता का सवाल है, यह एक श्रेष्ठ कृति है।" अकसर साधारण पाठकों में यह भ्रम पाया जाता है कि रवींद्रनाथ टैगोर की जिस कृति को नोबेल पुरस्कार प्राप्त हुआ, वह उनकी बाँगला कृति का अविकल अंग्रेजी अनुवाद है, लेकिन यह तथ्य सही नहीं है। वास्तविकता यह है कि अंग्रेजी गीतांजलि की 103 रचनाओं में से केवल 53 रचनाएँ ही रवींद्रनाथ ने अपनी बाँगला गीतांजलि से ली हैं तथा 1 चैताली (1896), 1 कल्पना (1900), 15 नैवेद्य (1903), 3 शिशु (1903), 11 खैया (1908) से, जबकि रचनाएँ विभिन्न पत्र-पत्रिकाओं में प्रकाशित रचनाओं से चुनी गई हैं। असंकलित रचनाओं में से 16 बाद में गीतिमाल्य (1914) में और एक-एक अचकायतन (1912) एवं उत्सर्ग (1914) से संगृहीत हुईं।

इसी प्रकार गीतांजलि के अंग्रेजी पाठ से अपरिचित पाठकों में से अधिकांश यह समझते हैं कि नोबेल पुरस्कार प्राप्त गीतांजलि भी बाँगला गीतांजलि की तरह अंग्रेजी छंदबद्ध पद्य कृति है, लेकिन यह बात भी तथ्यों से परे है। वास्तव में यह अंग्रेजी गद्य में है। इसका प्रभाव भले ही काव्यात्मक है। यहाँ यह बात भी उल्लेखनीय है कि अंग्रेजी गीतांजलि की विश्वव्यापी स्वीकृति एक अनूदित कृति के रूप में न होकर मौलिक कृति के रूप में है। इसका प्रमुख कारण संभवत: यही है कि अपने बाँगला गीतों को अंग्रेजी में प्रस्तुत करने के क्रम में कवि ने न केवल रचना की मूल विधा से स्वयं को स्वतंत्र किया है, बल्कि संप्रेषण के स्तर पर भी मूल शब्द प्रयोगों के बंधन में न बँधकर केंद्रीय भाव मात्र की रक्षा करते हुए प्रकारांतर से मानो एक नई भाषा में नई रचना को ही जन्म देने का कार्य किया है।

यही कारण है कि 1915 में प्रकाशित प्रथम हिंदी अनुवाद से लेकर गीतांजलि के अद्यतन अनुवाद भी पद्य और गद्य दोनों विधाओं में प्राप्त होते हैं। इनमें से कुछ अनुवाद मूल अंग्रेजी से किए गए हैं, जबकि कुछ मूल बाँगला से। मूल अंग्रेजी से किए गए सभी अनुवाद गद्य में हैं, लेकिन मूल बाँगला से किए अनुवादों में से कुछ पद्य में हैं तो कुछ गद्य में। कुछेक अनुवादों में केवल मूल अंग्रेजी में संकलित गीतों को मूल बाँगला से अनुवाद कर प्रस्तुत किया गया है।

□

विदेशों में सम्मान

उन दिनों एशियाई देशों गें जापान ही एकमात्र ऐसा देश था, जो प्राच्य देशों की स्वाभाविक जड़ता, उदासीनता और वैराग्य-भावना से मुक्त होकर भौतिक उन्नति के मामले में पश्चिमी देशों के कदम-से-कदम मिलाता चला जा रहा था। अपनी इस भौतिक उन्नति की धुन में वह उस आध्यात्मिक अनुभूति से दूर होता चला जा रहा था, जो सभी प्राच्य देशों की विशेषता रही है। एक पराधीन प्राच्य देश के निवासी होने के नाते रवींद्रनाथ प्रारंभ से ही जापान की भौतिक और राजनीतिक प्रगति में दिलचस्पी ले रहे थे। भौतिक विकास से कोई विरोध न होने पर भी वे देख रहे थे कि दिनो-दिन जापान आध्यात्मिक संतुलन खोता हुआ पश्चिम के अहंकारी राष्ट्रों की तरह साम्राज्य-लोलुप होता चला जा रहा है, इसलिए वे अपनी आँखों से देखना चाहते थे कि जापान की इस एकांगी प्रगति का कारण क्या है और उस प्रगति का वास्तविक स्वरूप क्या है।

3 मई, 1916 को वे सी.एफ. एंड्रूज पियर्सन तथा दूसरे व्यक्तियों को साथ लेकर जापान रवाना हो गए। आरंभ में उनका वहाँ हार्दिक स्वागत हुआ। प्रसिद्ध कवि नागुची ने उनके स्वागत गें एक कविता लिखी। सब लोग उत्साहित थे, पर बाद में जब रवींद्रनाथ ने टोक्यो विश्वविद्यालय में भाषण देते हुए जापान की संकीर्ण राष्ट्रीयता पर आधारित सोच का विरोध किया, तब लगभग सभी जापानी मित्र, लेखक, अखबार, विचारक और राजनेता उनके खिलाफ उठ

खड़े हुए और 'गुलाम देश का कवि' कहकर उनका मजाक उड़ाने लगे।

जापान दौरे के समय रवींद्रनाथ ने अपने विभिन्न व्याख्यानों में पश्चिमी देशों के संकुचित राष्ट्रवाद और साम्राज्यवाद का भी विस्तृत विश्लेषण करते हुए उसकी कड़ी आलोचना की थी। उनके वैसे सभी व्याख्यानों को बाद में 'नेशनलिज्म' शीर्षक संकलन में प्रकाशित किया गया था। विश्वविख्यात फ्रांसीसी मनीषी उन व्याख्यानों के उदार और निर्भीक दृष्टिकोण से काफी प्रभावित हुए थे और उन्होंने रवींद्रनाथ की सराहना की थी।

जापान से कवि अमेरिका गए। वहाँ उन्होंने अमेरिकियों को 'डॉलरवाद' के खतरों के बारे में स्पष्ट शब्दों में आगाह किया। जापान और अमेरिका—दोनों देशों को उन्होंने भारतीय मानवतावाद के महान् आदर्श से परिचित कराया और 'वसुधैव कुटुंबकम्' का महान् संदेश सुनाया। अमेरिका में उन्होंने जो भाषण दिए थे, वे बाद में 'पर्सनैलिटी' नाम से पुस्तक के रूप में प्रकाशित हुए।

अमेरिका में रवींद्रनाथ ने भारत में अंग्रेजी शासन की ज्यादतियों के विरोध में भी जोरदार भाषण दिए। इस वजह से भारत की तत्कालीन अंग्रेज सरकार स्वाभाविक रूप से नाराज हो गई। रवींद्रनाथ पर यह आरोप लगाया गया कि उन्हें अमेरिका भ्रमण के लिए जर्मनी से आर्थिक सहायता प्राप्त हुई है और अमेरिका स्थित भारतीय क्रांतिकारी दल से कवि का नजदीकी रिश्ता है। इस तरह के आरोप जानबूझकर उन्हें परेशान करने के लिए लगाए गए। चूँकि उन दिनों जर्मनी से मित्र राष्ट्रों की जंग जारी थी, इसीलिए जर्मनी से आर्थिक सहायता लेने की बात भी गढ़कर कही गई। रवींद्रनाथ के पास ऐसे आरोपों का खंडन करने के लिए ठोस प्रमाण मौजूद थे, इसलिए उन्हें अधिक परेशान नहीं किया जा सका।

मई 1918 में रवींद्रनाथ की बड़ी पुत्री बेला का देहांत हो गया। सृजन में जुटकर कवि ने अपनी पीड़ा को भूलने का प्रयास किया।

1919 में भारत में ब्रिटिश राज का आतंक बढ़ता चला गया था। रौलेट ऐक्ट नामक काले कानून को लागू कर पराधीनता की बेड़ियों को चरम सीमा तक कसकर निरीह जनता को बुरी तरह जकड़ लिया गया था।

उन्हीं दिनों अमृतसर के जलियाँवाला बाग में जनरल डायर ने निहत्थी जनता पर गोलियाँ बरसाकर जो अमानुषिक नरसंहार किया, उससे ब्रिटिश शासन की बर्बरता खुलकर सामने आ गई। सेंसर की कड़ाई के बावजूद स्थिति की वास्तविकता छिप नहीं पाई, ऐसे हालात में कवि का अस्थिर हो उठना स्वाभाविक था। उन्होंने तत्कालीन वायसराय लॉर्ड चेम्सफोर्ड को एक कड़ा पत्र लिखा जिसमें ब्रिटिश शासन की बर्बरता की भर्त्सना करते हुए उन्होंने सूचित किया कि सम्राट् की ओर से उन्हें जो 'नाइट' (सर) की उपाधि प्रदान की गई थी, उसे त्याग देने के लिए वे मजबूर हैं। उनके पत्र में उस युग की आतंकित जनता की रुद्ध अंतर्वाणी व्यक्त हुई थी वर्तमान युग में इस तरह की स्पष्टवादिता एक साधारण बात समझी जा सकती है, पर उस काले कानून के युग में, जब सरकार के खिलाफ एक साधारण सी बात कहने का भी अधिकार किसी को नहीं रह गया था, यह कितने बड़े साहस का काम था—इसका ठीक-ठीक अनुमान लगा पाना आज आसान नहीं है।

14 मई, 1920 को रवींद्रनाथ एक बार फिर यूरोप यात्रा के लिए रवाना हो गए। प्रथम विश्व युद्ध की विभीषिका के दुःस्वप्न से अभी तक यूरोपवासी ठीक से उबर नहीं पाए थे। युद्ध के बाद चारों तरफ अव्यवस्था, अशांति और हताशा का माहौल नजर आ रहा था।

लंदन पहुँचकर रवींद्रनाथ प्रसिद्ध साहित्यकार जार्ज बर्नार्ड शॉ और रूसी चित्रकार निकोलस रोरिक से मिले। ब्रिटिश साम्राज्यवाद के संबंध में शॉ के बेबाक बयानों से रवींद्रनाथ प्रभावित थे। शॉ स्वयं कवि से मिलने के लिए आगे बढ़े और बोले—"क्या आप मुझे जानते हैं? मैं बर्नार्ड शॉ हूँ।" रोरिक ने अपने चित्रों का एक एलबम कवि को दिखाया। कवि उनके चित्रों को देखकर प्रभावित हुए।

इसके बाद वे तत्कालीन भारत सचिव मांटेग्यू से मिले और भारत की जमीनी हकीकत के बारे में समझाते हुए यह अनुरोध किया कि जनरल डायर के बर्बर कृत्यों के लिए उसे दंडित किया जाए, पर बाद में ब्रिटिश पार्लियामेंट में जलियाँवाला नरसंहार के बारे में जो बहस हुई उसे सुनकर रवींद्रनाथ समझ

गए कि भारत के संबंध में ब्रिटिश सरकार के रुख में परिवर्तन की कोई उम्मीद नहीं है। अंग्रेज कौम की न्यायप्रियता के संबंध में जो थोड़ी आस्था तब तक उनके हृदय में बची हुई थी, इस बार वह भी जाती रही।

अगस्त में रवींद्रनाथ पेरिस गए। वहाँ मशहूर दार्शनिक बर्गसां से मिलकर उन्हें काफी प्रसन्नता हुई। प्रोफेसर सिल्वां लेवी से उनकी पहली मुलाकात पेरिस में ही हुई। बाद में प्रोफेसर लेवी शांति-निकेतन चले आए थे। प्रसिद्ध कवयित्री कानेस ए.न. बोएल से भी वे मिले। कवयित्री ने उन्हें बताया कि जिस दिन जर्मनी से युद्ध छिड़ जाने की खबर उन्होंने सुनी, उस दिन वे फ्रांस के प्रधानमंत्री के साथ थीं। दोनों इस सूचना से अशांत हो उठे थे। दोनों को 'गीतांजलि' पढ़कर राहत का अनुभव हुआ था। कवि ने फ्रांस के कई साहित्यकारों से मुलाकात की।

पेरिस से वे हॉलैंड होते हुए बेल्जियम पहुँचे। हर जगह उनका अभूतपूर्व स्वागत हो रहा था। उनके व्यक्तित्व से और भाषणों से लोग इस कदर प्रभावित हो रहे थे कि उन्हें एक सच्चे मसीहा के रूप में देखने लगे थे। कोई उनके चरण छूता था, कोई आशीर्वाद माँगता था। बेल्जियम से वे अमेरिका गए। अमेरिका में कुछ दिन रहकर वे फिर यूरोप लौट आए। लंदन से फिर पेरिस पहुँचे। इस बार रोमाँ रोलाँ से उनकी भेंट हुई। रोमाँ रोलाँ शुरू से ही रवींद्रनाथ के प्रशंसक बन गए थे। एक-दूसरे से मिलकर दोनों को हार्दिक खुशी हुई। पेरिस से वे स्विट्जरलैंड गए। जेनेवा में रूसो के नाम से स्थापित एक सांस्कृतिक संस्था ने 3 मई को रवींद्रनाथ के सम्मान में स्वागत-समारोह आयोजित किया। 7 मई को रवींद्रनाथ का 61वाँ जन्मदिन था। उस समय वे स्विट्जरलैंड में ही भ्रमण कर रहे थे। चारों ओर से उनके पास बधाई के तार आने लगे। जर्मनी की तरफ से उन्हें निमंत्रण मिला।

प्रथम विश्वयुद्ध से ध्वस्त जर्मनी में रवींद्रनाथ की लोकप्रियता काफी बढ़ गई थी। केवल दो-तीन सप्ताह के भीतर उनके उपन्यास 'घरे-बाइरे' के जर्मन अनुवाद की लाखों प्रतियाँ बिक गई थीं। यह उपन्यास यूरोप के सभी देशों में काफी लोकप्रिय हो चुका था। फ्रांस में भी उसकी लाखों प्रतियाँ बिक चुकी थीं।

रवींद्रनाथ जर्मनी पहुँचे। प्रिंस ओटो बिस्मार्क उन्हें कार में बिठाकर सम्मान के साथ अपने निवास स्थान पर ले गए।

20 मई को कवि डेनमार्क की राजधानी कोपेनहेगन पहुँचे। वहाँ विश्वविद्यालय में उन्होंने व्याख्यान दिया। व्याख्यान समाप्त होने पर रात हो चुकी थी। छात्रों ने उपस्थित जनता में से प्रमुख व्यक्तियों को चुनकर एक वृत्ताकार घेरा बनाया, जिसके बीच में कवि को खड़ा कर दिया गया। उसके बाद उस अवसर के लिए विशेष रूप से तैयार की गई मशालें जलाई गईं और एक जुलूस निकालकर कवि को मुख्य सड़कों पर घुमाया गया। रास्ते में छात्रगण डेनिश राष्ट्रगान गा रहे थे।

चार दिन बाद कवि स्टॉकहोम पहुँचे। उसी दिन वहाँ नागरिकों ने कवि के सम्मान में एक देहाती मेले का आयोजन किया। ग्रामीण नर-नारियों के सांस्कृतिक कार्यक्रम को देखकर रवींद्रनाथ काफी प्रभावित हुए। बाद में एक सार्वजनिक सभा में कवि ने 'पूर्व और पश्चिम' विषय पर व्याख्यान दिया। स्वीडन के राजा ने उनके सम्मान में अपने महल में भोज दिया। परंपरा के अनुसार कवि ने नोबेल पुरस्कार विजेता की हैसियत से अपना भाषण दिया।

स्वीडन से कवि बर्लिन गए। बर्लिन में उनका अभूतपूर्व स्वागत हुआ। जिस दिन उन्हें बर्लिन विश्वविद्यालय में भाषण देना था, उस दिन हॉल के बाहर घंटों पहले से एक लाख से भी अधिक लोग इंतजार कर रहे थे।

6 जून को म्यूनिख में कवि का अभिनंदन किया गया। उसके बाद वे फ्रेंकफर्ट गए। वहाँ की जनता ने उनके सम्मान में रवींद्र सप्ताह मनाया। कवि वियेना पहुंचे, जहाँ उनका हार्दिक स्वागत किया गया। चेकोस्लोवाकिया के तत्कालीन राष्ट्रपति मासटिक का निमंत्रण पाकर वे प्राग गए। वहाँ संस्कृत के विद्वान् लेस्नो से उनकी पहली मुलाकात हुई। रवींद्रनाथ की इस विजय यात्रा के फलस्वरूप यूरोप के देशों में भारत के गौरव की वृद्धि हुई।

□

चित्रकार के रूप में रवींद्रनाथ

मार्च 1930 में रवींद्रनाथ अपने पुत्र रथींद्रनाथ और बहू प्रतिमा देवी के साथ ग्यारहवीं बार विदेश यात्रा करते हुए कोलंबो होते हुए मार्सेक पहुँचे। मार्सेक में चेकोस्लोवाकिया के तत्कालीन राष्ट्रपति जनरल मासटिक से उनकी मुलाकात हुई। वहाँ से कवि पेरिस गए। पेरिस में उन्होंने अपने कलाकार के जादू-भरे झोले से एक नया आश्चर्य निकाला।

इतने दिनों तक संसार उन्हें कवि और साहित्यकार के रूप में ही जानता था। इस बार पेरिस में पहली बार संसार ने चकित होकर देखा कि रवींद्रनाथ एक प्रथम श्रेणी के चित्रकार भी हैं। पेरिस की मशहूर 'गालेरी पिगाल' में उनके चित्रों की प्रदर्शनी लगाई गई, अखबारों में पहले ही प्रदर्शनी के बारे में काफी प्रचार-प्रसार हो चुका था। पेरिस हमेशा विश्व के श्रेष्ठ चित्रकारों का केंद्र रहा है। इसीलिए पेरिस में कवि की चित्र-प्रदर्शनी लगाने के साथ ही संसार के आला दरजे के चित्रकारों और कला मर्मज्ञों ने उनके चित्रों को देखा। देखकर सब लोग चकित और मुग्ध हो गए। बड़े-बड़े चित्रकारों की कलाकृतियों के साथ उनके चित्रों की तुलना की जाने लगी। कला-संबंधी प्रमुख फ्रांसीसी पत्रिकाओं और अन्य अखबारों में भी उन चित्रों की चर्चा, सराहना और आलोचना प्रकाशित होने लगी। अधिकतर कला समीक्षकों ने कवि के चित्रों की सराहना की।

चित्र बनाने का शौक रवींद्रनाथ को आरंभ से ही था, पर इससे पहले

उन्होंने कभी पूरे परिश्रम से जुटकर चित्र नहीं बनाए थे। जब कविता लिखते-लिखते किसी शब्द या पंक्ति से असंतुष्ट होकर वे उसे काट देते थे, तब पांडुलिपि के बीच में वह कटा हुआ रूप उनके कलाकार की सुरुचिपूर्ण आँखों को अखरने लगता था। उस भद्‌देपन को दूर करने के उद्‌देश्य से वे उस कटे हुए अंश को चित्र रूप में परिणत करने के लिए उत्सुक हो उठते थे और बिना किसी पूर्व योजना के उस अंश के ऊपर कलम फेरते हुए कभी उसे किसी चिड़िया के रूप में बदल देते थे, कभी किसी विचित्र जानवर की आकृति में परिवर्तित कर डालते थे और कभी किसी पेड़, पौधे या फूल के रूप में।

यह प्रवृत्ति धीरे-धीरे विकसित होती चली गई और रवींद्रनाथ अवकाश की घड़ियों में स्वतंत्र रूप से चित्र बनाने लगे। शब्दों द्वारा अरूप को रूप में बाँधने की कला के विकास को वे चरम सीमा तक पहुँचा चुके थे। अब रंगों और रेखाओं के द्वारा अमूर्त को मूर्त रूप प्रदान करने के लिए वे बेताब हो उठे थे। इतने दिनों बाद उन्हें शब्द और ध्वनि की भाषा की सीमा का बोध हुआ और यह अनुभव करने लगे कि अवचेतना की अतल गहराई में निहित निगूढ़ भावों की पूर्ण अभिव्यक्ति केवल शब्द-काव्यों या ध्वनि-चित्रों द्वारा नहीं की जा सकती। उसके लिए रेखाओं और रंगों की भाषा की सहायता की नितांत आवश्यकता है। रेखाओं और रंगों की भाषा के महत्त्व के संबंध में किसी का मतभेद नहीं हो सकता, पर इसका यह अर्थ हरगिज नहीं समझा जाना चाहिए कि शब्दों की भाषा और ध्वनि-चित्र महत्त्वहीन हैं। प्राचीनतम काल से कवियों और ज्ञानियों ने मानवात्मा की गहन भाव-वेदनाओं को और विश्वात्मा के अनिर्वचनीय रहस्यों को वाणी में बाँधने के भगीरथ प्रयत्नों में जो आश्चर्यजनक आपेक्षिक सफलता पाई है, उसके महत्त्व को कम करके नहीं आँका जा सकता।' पर रवींद्रनाथ ने जब रेखाओं और रंगों की सांकेतिक भाषा का प्रयोग करना आरंभ किया, तब वे उसके समर्थन में वह कुछ अतिरंजना के साथ बातें करने लगे। उनके रहस्यपूर्ण चित्रों की विचित्रता से प्रभावित होकर जब जिज्ञासु लोग उनके मूलगत भावों का स्पष्टीकरण पूछने लगे, तब कवि ने

रहस्यमयी भाषा में इस सवाल का जवाब इस प्रकार दिया—

"शब्दों की भाषा अनंत विस्तृत मौन जगत् का एक बिंदु मात्र है। विश्व की अमर वाणी संकेतों द्वारा ही व्यक्त होती है। विश्वात्मा सदा चित्रों और नृत्य की भाषा में ही बोलती है। संसार की प्रत्येक वस्तु रेखाओं और रंगों द्वारा यह जताती है कि वह सृष्टि का तर्क-सिद्ध परिणाम या उपभोग की वस्तु भर नहीं है। वह अपनी स्वतंत्र अभिव्यक्ति में स्वयं पूर्ण है और अपने निगूढ़ रहस्य की वाटिका भी।

"इस विश्व में ऐसी असंख्य वस्तुएँ हैं जिनसे हम बाहरी दृष्टि से परिचित अवश्य रहते हैं, पर जिनके संबंध में इस तथ्य को स्वीकार नहीं करना चाहते कि हमारे अपने लाभ या हानि से परे उनका अपना एक स्वतंत्र अस्तित्व भी है। फूल का अस्तित्व फूल के रूप में ही अपने-आपमें पूर्ण है।

"कुछ चीजें ऐसी हैं जिनके रूप में अपनी एक निजी विशिष्टता पाई जाती है। उसी विशिष्टता के कारण हमें उनका अस्तित्व स्वीकार करना पड़ता है। वे वस्तुएँ एक प्रकार के वाक्य हैं, जो सृष्टि के पृष्ठों पर रंगीन पेंसिल से लिखे हुए हैं। हम उनकी ओर से आँख नहीं मूँद सकते। वे जैसे हमें संबोधित करते हुए सहसा बोल उठते हैं—'देखो, यह हम हैं' और हमारा मस्तिष्क बिना यह तर्क किए कि 'तुम यहाँ क्यों हो?' उनके अस्तित्व को चुपचाप स्वीकार कर लेता है।

"चित्रकार अपने चित्र मे असंदिग्ध यथार्थता की वाणी को रूप देता है। हम उसे देखकर ही तृप्त हो जाते हैं। भले ही वह चित्र किसी सुंदरी का न होकर एक गधे का हो या किसी ऐसी वस्तु का हो जो अपने कलात्मक अस्तित्व के अतिरिक्त प्रकृति के किसी नैतिक या उपयोगात्मक सत्य का दावा न करती हो।

"लोग अकसर मुझसे मेरे चित्रों का अर्थ और उद्देश्य पूछते रहते हैं। उनके प्रश्न के उत्तर में मैं अपने चित्रों की तरह ही मौन बना रहता हूँ। उन्हें समझाना मेरा काम नहीं है। यह काम मेरे चित्रों का है कि वे अपने आशय को स्पष्ट करें। यदि वे अपने भीतर स्वयं अपने स्वतंत्र अस्तित्व को पूरी तरह

समाहित किए हुए हैं तो वे बने रहेंगे, अन्यथा किसी वैज्ञानिक सत्य या नैतिक औचित्य के बावजूद वे नष्ट हो जाएँगे।''

जब रवींद्रनाथ मॉस्को गए, तब वहाँ भी उनके चित्रों की प्रदर्शनी लगाई गई। वहाँ जब एक कला मर्मज्ञ ने उनसे उनके एक चित्र के संबंध में प्रश्न किया कि 'इस चित्र में क्या भाव निहित हैं?' तब कवि ने उत्तर दिया— ''इसमें भाव कुछ भी नहीं हैं। यह केवल एक चित्र है। भाव शब्दों में होते हैं, जीवन में नहीं।''

रवींद्रनाथ के चित्र काफी हद तक अति यथार्थवादी (सुपरियलिस्ट) कला के अंतर्गत आते हैं। चिर-युवा कवि के स्वभाव की यह बहुत बड़ी विशेषता रही है कि भूत और भविष्य के सभी युगों से भाव-तादात्म्य कायम रखते हुए भी वे युग-प्रगति में कभी किसी से पीछे नहीं रहे। युग के प्रगतिशील कदम-से-कदम मिलाते हुए वे बराबर आगे ही बढ़ते रहे। इसीलिए अति यथार्थवादी चित्रकला के प्रधान गढ़ पेरिस में वे कभी अपने चित्रों के प्रदर्शन के लिए राजी न होते यदि उन्हें यह विश्वास न होता कि ऊपरी फैशन में भी वे युग से पीछे नहीं हैं। यदि अति यथार्थवादी कला की दृष्टि से कवि के चित्रों पर गौर किया जाए तो उनकी सारी रहस्यमयता अर्थपूर्ण हो उठती हैं और उनमें कवि के अगाध अंत:सागर की गहराई में निहित वे भाव सुस्पष्ट प्रस्फुटित होते दिखाई देने लगते है, जो उनके शब्द-चित्रों में व्यक्त नहीं हो पाए थे।

1928 में रवींद्रनाथ को ऑक्सफोर्ड विश्वविद्यालय से हिबर्ट व्याख्यानमाला के तहत व्याख्यान देने के लिए आमंत्रित किया गया था, पर जब वे जाने की तैयारी कर रहे थे, तभी बीमार पड़ गए थे। 1930 में उन्हें फिर व्याख्यान देने के लिए निमंत्रित किया गया। उस वर्ष कवि ने 'मनुष्य का धर्म' विषय पर चौदह व्याख्यान दिए। वर्ष 1931 में उनके व्याख्यानों का संकलन पुस्तकाकार प्रकाशित किया गया। पुस्तक में कवि और दार्शनिक का समन्वित रूप सामने आता है। रवींद्रनाथ ने इन व्याख्यानों में यह विश्वास प्रकट किया है कि उन्नत मानवीय प्रवृत्तियों के समुचित वैयक्तिक और सामूहिक

विकास द्वारा जीवन की व्यापक विषमता दूर हो सकती है और इसी पृथ्वी पर शांतिपूर्ण स्वर्गिक समता का जो स्वप्न युगों से ज्ञानी लोग देखते चले आए हैं, वह सत्य में परिणत हो सकता है। मानवता के सामूहिक विकास को ही उन्होंने विश्वात्मा की पूर्ण उपलब्धि का एकमात्र उपाय माना है।

जब रवींद्रनाथ लंदन पहुँचे, तब गांधीजी के दांडी अभियान के फलस्वरूप भारत में नमक सत्याग्रह जोर-शोर से चलाया जा रहा था। हजारों नागरिक जेल जा चुके थे। शोलापुर में मार्शल लॉ लागू कर दिया गया था और सरकार नए-नए ऑर्डिनेंस लागू कर जनता को आतंकित कर रही थी। रवींद्रनाथ ने इस मसले पर भारत-सचिव से बातचीत की। 'क्वेकर्स' की वार्षिक सभा में भाषण देते हुए उन्होंने भारत में ब्रिटिश नीति की कड़ी आलोचना की। उनकी आलोचना सुनकर कई कट्टरपंथी अंग्रेज श्रोता नाराज हो उठे और वे सभा में शोरगुल मचाने लगे। रवींद्रनाथ इस उपद्रव से तनिक भी विचलित नहीं हुए। उन्होंने स्पष्ट शब्दों में निर्भीकता के साथ कहा कि समय आ गया है, ब्रिटिश लोग सावधान हो जाएँ और इतिहास की उस घटना को न भूलें जिसके फलस्वरूप अमेरिकियों ने अपने ही भाइयों के हाथ से शासन-शक्ति छीनकर स्वतंत्रता की घोषणा कर दी थी।

लंदन में भी उनके चित्रों की प्रदर्शनी इंडिया सोसाइटी के तत्त्वावधान में लगाई गई। लंदन से कवि बर्लिन गए, बर्लिन में भी कला-प्रेमियों के अनुरोध पर उनके चित्रों को प्रदर्शित किया गया। कला-मर्मज्ञों ने उनकी सराहना की। बर्लिन के राष्ट्रीय कला-भवन ने बर्लिन आर्ट म्यूजियम के लिए कवि के पाँच चित्र प्राप्त कर लिये।

14 जुलाई, 1930 को रवींद्रनाथ कापुट नामक स्थान पर महान् वैज्ञानिक अल्बर्ट आइंस्टाइन से मिले। आधुनिक वैज्ञानिक सभ्यता का विरोध करने पर भी रवींद्रनाथ का झुकाव विज्ञान की ओर शुरू से ही था और वे आत्मोपलब्ध आध्यात्मिक सत्यों का वैज्ञानिक आधार खोजने के लिए बराबर उत्सुक रहते थे।

आइंस्टाइन ने रवींद्रनाथ से पूछा—"क्या आप ईश्वरीय सत्ता को संसार

से अलग और स्वतंत्र सत्ता मानते हैं?''

''नहीं'', रवींद्रनाथ ने उत्तर दिया—''मेरा यह विश्वास है कि मनुष्य का सीमाहीन व्यक्तित्व ही किसी-न-किसी रूप में समस्त विश्व में छाया हुआ है। इससे यह प्रमाणित होता है कि विश्व का सत्य मानवीय सत्य से गहराई के साथ जुड़ा हुआ है। एक वैज्ञानिक उदाहरण द्वारा मैं अपनी बात को समझाना चाहता हूँ। ठोस पदार्थ प्रोटॉन तथा इलेक्ट्रॉन नामक सूक्ष्मतम परमाणुओं की समष्टि है जो एक-दूसरे से स्वतंत्र और अविच्छिन्न होने पर भी एक बहुत ही सूक्ष्म और अविच्छिन्न तत्त्व द्वारा एक-दूसरे से संबद्ध हैं। उसी प्रकार मानवता स्वतंत्र व्यक्तियों की समष्टि होने पर भी वे व्यष्टियाँ मानवीय भावनाओं के समान सूत्र द्वारा एक-दूसरे से जुड़ी हैं। उसी प्रकार समग्र विश्व अपनी भिन्नता के माध्यम से एकत्व के समान सूत्र में बँधा है। प्रकट में विराट् विश्व की सत्ता मानवीय सत्ता से अलग मालूम होती है, पर वास्तविकता यह है कि मानवीय सत्ता विश्व सत्ता के भीतर ईंधन की तरह व्याप्त है।''

आइंस्टाइन ने कहा—''विश्व के संबंध में मुख्य रूप से दो प्रकार की धारणाएँ प्रचलित हैं। एक तो यह कि विश्व मानवीय सत्ता पर आधारित एक अविभाज्य समष्टि है। दूसरी यह कि विश्व मानवीय सत्ता से संबंध रहित एक स्वतंत्र सत्ता है।''

रवींद्रनाथ ने कहा—''जब विश्व अनंत व्यापी मानवीय सत्ता के साथ सामंजस्यात्मक संबंध स्थापित कर लेता है, तभी वह परिपूर्ण सत्य और चिर सुंदर के रूप में हमारे समक्ष व्यक्त हो पाता है, अन्यथा नहीं।''

आइंस्टाइन ने कहा—''पर यह केवल विशुद्ध मानवीय दृष्टिकोण है। विश्व के निरपेक्ष सत्य से इसका कोई संबंध नहीं है।''

रवींद्रनाथ ने कहा—''पर मैं इसी को एकमात्र वास्तविक दृष्टिकोण मानता हूँ। यह ठीक है कि आधुनिक विज्ञान वैयक्तिक सत्ता से कोई संबंध न रखकर तथाकथित निरपेक्ष सत्य के विशुद्ध बौद्धिक स्वरूप की खोज करना चाहता है, पर वह बुद्धि भी मानवीय बुद्धि है। इसलिए कोई भी वैज्ञानिक तत्त्व प्रकट में चाहे कैसा ही स्वतंत्र या निरपेक्ष क्यों न लगे, वह मानवीय सत्ता

की सीमाहीन व्यापकता के संसर्ग से मुक्त नहीं हो सकता।''

आइंस्टाइन ने कहा—''तब आपका यह निश्चित विश्वास है कि सत्य या सुंदर मानवीय अनुभूति से अपनी कोई स्वतंत्र सत्ता नहीं रखता?''

''आपने मेरे दृष्टिकोण को ठीक समझा है।'' कवि ने जवाब दिया।

''यदि एक भी मानव-प्राणी इस संसार में न रहे तो सौंदर्य के देवता अपोलो की सुंदरता का कोई अर्थ न रह जाए। यही न?''

''मेरी यही धारणा है।''

''जहाँ तक सौंदर्य की अनुभूति का प्रश्न है, मैं आपकी बात से सहमत हूँ, पर निरपेक्ष सत्य के संबंध में मेरा मत भिन्न है।''

''आप इतना तो मानेंगे ही कि तथाकथित निरपेक्ष सत्य की अनुभूति भी मनुष्य के ही माध्यम से संभव है। सौंदर्य पूर्ण सामंजस्य के आदर्श की अभिव्यक्ति है और यह सामंजस्य विश्वात्मा में है, जिसका मानवात्मा से अविच्छिन्न संबंध है। उसी प्रकार सत्य भी उस विश्व—मन की ज्ञानोपलब्धि है, जो मानवीय मन के तारों से जुड़ा हुआ है।''

आइंस्टाइन ने कहा—''मैं वैज्ञानिक रूप से यह साबित नहीं कर सकता कि सत्य मानवीय अनुभूति से परे निरपेक्ष और निर्लिप्त है, पर सिद्ध न कर सकने पर भी मेरे विश्वास में कोई कमी नहीं आती। उदाहरण के लिए, ज्यामिति में पाइथागोरस के सिद्धांत द्वारा जो सत्य प्रतिपादित होता है, उसके साथ मैं मानवीय सत्ता का कोई संबंध नहीं देखता। वह अपने आपमें स्वतंत्र और निरपेक्ष है।

''भारतीय दार्शनिकों ने विश्व के चरम सत्य की कल्पना ब्रह्म के रूप में की है, पर इस चरम सत्य की उपलब्धि वैयक्तिक मन की विच्छिन्नता द्वारा संभव नहीं है। इसकी उपलब्धि तभी हो सकती है, जब व्यक्ति अपनी सत्ता को अनंत के साथ विलीन करने में सफल हो जाता है, इसीलिए हमारे यहाँ ब्रह्म और जीव एक ही महासत्य और महासत्ता के दो रूप माने जाते हैं। सब कुछ सापेक्ष है और निरपेक्ष जो कुछ भी है, वह जब तक मानवीय अनुभूति की सापेक्षता के माध्यम से व्यक्त नहीं होता, तब तक वह निरर्थक है। सत्य

का वास्तविक रूप मैं उसे मानता हूँ, जो निरपेक्ष और सापेक्ष सत्ता के बीच समन्वय के रूप में हमारे सामने आता है।''

इस तरह देर तक कवि और वैज्ञानिक के बीच बातचीत चलती रही। दोनों ने एक-दूसरे के विचारों को समझने का प्रयत्न किया।

रवींद्रनाथ बर्लिन से म्यूनिख पहुँचे, जहाँ उनका गर्मजोशी के साथ स्वागत किया गया। इस शहर में भी उनके चित्रों की प्रदर्शनी लगाई गई और उनके नाटक 'डाकघर' के जर्मन अनुवाद का सफलतापूर्वक मंचन किया गया।

11 सितंबर, 1930 को रवींद्रनाथ मॉस्को पहुँचे, जहाँ उनका अभूतपूर्व स्वागत किया गया। उनके सम्मान में अभिनंदन समारोह का आयोजन किया गया। लोगों ने ध्यान से उनके भाषण को सुना। जगह-जगह उन्होंने कविताओं का पाठ किया। उनके चित्रों की प्रदर्शनी भी लगाई गई।

रूस के विभिन्न स्थानों का निरीक्षण करके और विविध क्षेत्रों की सामूहिक प्रगति को देखकर रवींद्रनाथ अत्यंत प्रभावित हुए थे। श्रीनिकेतन में ग्राम उद्धार की योजना का विकास करने के लिए उनके मन में रूस की संयुक्त कृषि पद्धति का अध्ययन करने की तीव्र इच्छा थी। इस बार जब उन्होंने अपनी आँखों से सब कुछ देखा तो उनके उत्साह में वृद्धि हो गई। सामूहिक दरिद्रता का उन्मूलन करने के लिए संगठित श्रम किस हद तक सफल सिद्ध हो सकता है, इसका जीता-जागता उदाहरण उन्होंने रूस में देखा। रोग-शोक, दुःख-दैन्य, अशिक्षा और अज्ञान से ग्रस्त पराधीन भारत की दुर्दशा से वे भली-भाँति परिचित थे। उन्होंने देखा कि कुछ ही वर्ष पहले तक जो रूस भारत की ही तरह हर मामले में फटेहाल बना हुआ था, वह न केवल समाज के निचले स्तर के लोगों की भूख की समस्या को हल करने में सफल हुआ है, बल्कि सांस्कृतिक क्षेत्र में भी तीव्रता के साथ प्रगति कर रहा है। रूस यात्रा के संस्मरण उन्होंने 'राशियार चिट्ठी' नाम से प्रकाशित करवाए थे।

रूस से रवींद्रनाथ अमेरिका पहुँचे। न्यूयॉर्क में तत्कालीन अमेरिकी

राष्ट्रपति हूबर ने उनका हार्दिक स्वागत किया। वहाँ एक संगीत समारोह में कवि ने एक बाँगला गीत गाया, जिसकी ताल पर एक प्रसिद्ध अमेरिकी नर्तकी ने नृत्य किया। उन दिनों असाधारण मंदी के कारण अमेरिका में बेकारी की समस्या भयानक हो गई थी। संगीत समारोह में जितनी भी आय हुई, वह सब न्यूयॉर्क के बेरोजगारों की सहायता के लिए दान में दे दी गई।

□

अंतिम चरण

आश्चर्यजनक साहित्य साधना के साथ ही वास्तविक मानवीय प्रगति के कार्यों में व्यावहारिक रूप से दिलचस्पी लेते हुए, अपनी लंबी यात्राओं द्वारा कई बार दुनिया का दिल जीतते हुए और अपनी अद्भुत कीर्ति को पीछे छोड़कर जीवन को निरंतर महान् उद्देश्यों में नियोजित करते हुए रवींद्रनाथ ने जीवन के सात दशक गुजार दिए।

1931 में कलकत्ता में उनका 71 वाँ जन्मदिन धूमधाम से मनाया गया। 16 मई को कलकत्ता विश्वविद्यालय में कुछ मशहूर विद्वानों की एक बैठक महामहोपाध्याय पं. हरप्रसाद शास्त्री की अध्यक्षता में हुई। इसी बैठक में एक समिति का गठन किया गया, जिसके अध्यक्ष मशहूर वैज्ञानिक जगदीशचंद्र बसु थे। समिति ने रवींद्र सप्ताह मनाने पर विचार-विमर्श किया।

रवींद्र जयंती एक सप्ताह तक अत्यंत धूमधाम के साथ मनाई गई। जयंती क्या थी—एक अच्छा खासा मेला था। सात दिनों तक निरंतर सांस्कृतिक कार्यक्रम आयोजित होते रहे। सभी कार्यक्रम रवींद्रनाथ से संबंधित थे। विभिन्न कलाकारों की एक चित्र प्रदर्शनी भी इस अवसर पर लगाई गई, जिसमें रवींद्रनाथ के बनाए चित्रों को भी प्रदर्शित किया गया। रवींद्रनाथ की बाँगला, अंग्रेजी आदि की विविध पांडुलिपियों और फोटो प्रतिकृतियों की भी एक अलग प्रदर्शनी लगाई गई। अंग्रेजी और बाँगला में कई साहित्यिक गोष्ठियाँ हुईं, जिनमें कवि की रचनाओं का पाठ किया गया। इसके अलावा कवि की

विविध साहित्यिक कृतियों के संबंध में व्याख्यान भी दिए गए। प्रत्येक गोष्ठी का अध्यक्ष कोई प्रतिष्ठित विद्वान् होता था। बाँगला साहित्य गोष्ठी की अध्यक्षता विख्यात उपन्यासकार शरत्चंद्र चट्टोपाध्याय ने की। संगीत परिषद् में शांति-निकेतन की छात्राओं ने कवि के चुने हुए गीतों को बड़े ही आकर्षक ढंग से सुनाया। ग्राम गीत, लोकनृत्य आदि कार्यक्रमों का सिलसिला नियमित रूप से चलता रहा। जयंती समारोह के लिए दो मंच खास तौर पर बनाए गए थे। जहाँ रवींद्रनाथ के लिखे नाटकों का मंचन किया गया था।

जयंती समारोह के आयोजन से काफी पहले दुनिया भर के मशहूर विद्वानों से रवींद्रनाथ के संबंध में लेख, विचार और संस्मरण मँगवाए गए। उन सबको संकलित कर एक विशाल अभिनंदन ग्रंथ प्रकाशित किया गया। जयंती समारोह में रवींद्रनाथ को अभिनंदन ग्रंथ भेंट किया गया। इस अभिनंदन ग्रंथ के कुछ प्रमुख लेखक थे; महात्मा गांधी, जगदीशचंद्र बसु, रोमाँ रोलाँ (फ्रांस), ग्रीक के कवि कॉस्टिस पाल्मस, सेल्मा लागरलॉफ (स्वीडन), नट हामसून (नार्वे), टॉमस मान (जर्मनी), डब्ल्यू.बी. यीट्स (आयरलैंड), सिनक्लेर लेवीस (अमेरिका), चोहान बोयर, बर्ट्रेंड रसेल, हेवलाक एलीस, गिल्बर्ट मरे, विलियम रोथेनस्टाइन (इंग्लैंड), प्रोफेसर पेट्रोव (रूस), पॉल वालेरी (फ्रांस), कार्लो फोरमिची (इटली), सिल्वां लेवी (फ्रांस), विंटरनित्स (चेकोस्लोवाकिया), स्टेन कोनो (नार्वे), लिन येन होन (चीन), योने नॉगूची (जापान) आदि।

जयंती समारोह का जब आयोजन चल रहा था, उसी दौरान महात्मा गांधी को गिरफ्तार कर लिया गया। उनकी गिरफ्तारी के विरोध में जयंती समारोह बंद कर दिया गया।

इस समारोह के अवसर पर पहली बार यह बात स्पष्ट रूप से सामने आई कि साहित्य-जगत् में अब रवींद्रनाथ के विरुद्ध किसी भी प्रकार की द्वेष-भावना बची नहीं रह गई थी और चारों तरफ उनके प्रति श्रद्धा और आदर की भावनाएँ उमड़ रही थीं। इतने दिनों तक जो भी गलतफहमियाँ उनके संबंध में जनमानस के बीच साधारण तौर पर और साहित्यकारों के बीच खास

तौर पर फैली हुई थीं, वे सब अपने आप साफ हो गई थीं। विलक्षण मनीषी और महाकवि के विराट् व्यक्तित्व का सच्चा रूप अब जैसे सबके आगे सत्य के प्रकाश में दमक उठा था।

उसी साल हिजली (बिहार) के बंदी शिविर में दो निहत्थे युवकों की हत्या गोली मारकर कर दी गई। रवींद्रनाथ के मन में क्षोभ और पीड़ा का भाव पैदा हुआ। उन्होंने एक सार्वजनिक सभा में कड़े शब्दों में ऐसे अमानुषिक अत्याचार की भर्त्सना की। वे दूसरे बंदियों से मिलने गए और उन्हें सांत्वना देने का प्रयास किया। इस विषय पर उन्होंने एक मार्मिक कविता की भी रचना की।

अप्रैल 1932 में ईरान के बादशाह रजाशाह पहलवी ने रवींद्रनाथ को निमंत्रण भेजा। रवींद्रनाथ अपनी पुत्रवधू तथा दूसरे व्यक्तियों के साथ विमान यात्रा करते हुए ईरान पहुँच गए। यह उनकी बारहवीं और आखिरी विदेश यात्रा थी। ईरानी मजलिस के एक सदस्य ने जब रवींद्रनाथ से पूछा कि वे ईरान में क्या देखना पसंद करेंगे, तब उन्होंने कहा कि वे प्राचीन ईरानी सभ्यता के भगनावशेष देखना चाहते हैं। उत्तर मिला—''प्राचीन ईरानी सभ्यता के भगनावशेष अब आपको नजर नहीं आएँगे, क्योंकि यहाँ के लोग प्राचीनता का विरोध करने लगे हैं। प्राचीनता के स्थान पर आधुनिकता को अपनाया जा रहा है।''

शीराज में उन्होंने मशहूर कवि हाफिज की मजार के दर्शन किए। शीराज के गवर्नर उनके साथ थे। गवर्नर ने उन्हें एक रोचक बात बताई। उन्होंने जनता की इस मान्यता के बारे में रवींद्रनाथ को बताया कि यदि हाफिज की मजार पर उनके दीवान का कोई पृष्ठ खोलकर कोई सवाल पूछा जाता है तो उस पृष्ठ पर छपी कवि की पंक्तियों से दीवान खोलने वाले के मन के सवाल का सटीक जवाब मिल जाता है। इस मामले में रुचि लेते हुए रवींद्रनाथ ने अपने मन में यह सवाल पूछा—''क्या भारत में होने वाले सांप्रदायिक झगड़ों का कभी अंत होगा?'' मन में सवाल पूछते ही हाफिज का दीवान खोला गया, तब उस पृष्ठ पर छपी पंक्तियों का अर्थ इस प्रकार

था—'मधुशाला के द्वार खुल जाएँ। हम ईश्वर का नाम लेकर उन्हें खोलते हैं।' यह बात सचमुच जैसे रवींद्रनाथ के सवाल के जवाब में कही गई एक सकारात्मक भविष्यवाणी थी। पढ़कर उन्हें काफी हँसी आई, मगर अगले ही पल उनका चेहरा गंभीर हो गया।

शीराज के साहित्यकारों ने भव्य स्वागत समारोह आयोजित कर रवींद्रनाथ का स्वागत किया था। वहाँ से रवींद्रनाथ इस्फहान होते हुए तेहरान पहुँचे। हर जगह धूमधाम के साथ उनका हार्दिक स्वागत किया गया। 2 मई को शाह ने उनका स्वागत किया। इस अवसर पर रवींद्रनाथ ने उन्हें एक कविता भेंट की। 7 मई को कवि का जन्मदिन ईरान की सरकार और जनता की तरफ से मनाया गया। कुछ दिनों तक वे ईरान के प्रसिद्ध ऐतिहासिक स्थलों का भ्रमण करते रहे। उसके बाद वे बगदाद गए। वहाँ इराक के बादशाह रवींद्रनाथ का स्वागत करने के लिए शहर के प्रधान फाटक तक पैदल ही आए। बगदाद से रवींद्रनाथ 3 जून, 1932 को कलकत्ता लौट आए।

इस बीच उनकी कई नई रचनाएँ प्रकाशित हो चुकी थीं, जिनमें 'परिशेष', 'पुनश्च' और 'कालेर यात्रा' मुख्य थीं। 'परिशेष' कविताओं का संग्रह है। वृद्धावस्था में भी रवींद्रनाथ कविता और साहित्य के क्षेत्र में अनवरत नए-नए प्रयोग कर रहे थे। 'परिशेष' में उनकी नई शैली की कविताओं को संकलित किया गया था। 'पुनश्च' में नए अंदाज की गद्य-कविताएँ थीं। 'कालेर यात्रा' एक लघु नाटक था, जिसे शरत्चंद्र की जयंती के अवसर पर रवींद्रनाथ ने उन्हें समर्पित किया था। यह व्यंग्यात्मक नाटक दलितों की समस्या पर आधारित था। इस नाटक में दर्शाया गया कि रथयात्रा के अवसर पर नगर की सवर्ण जनता रथ को खींचने की कोशिश करती है। राजा और पुरोहित भी रथ को खींचने की कोशिश करते हैं, मगर रथ अपनी जगह से हिलता नहीं। अंत में मजबूर होकर जब शूद्रों की सहायता स्वीकार की जाती है तो रथ आगे बढ़ने लगता है।

1932 में रवींद्रनाथ ने 'ताशेर देश' नामक अपनी एक कहानी के आधार पर नाटक की रचना की। इस नाटक में कुरीतियों और अंधविश्वासों पर प्रहार किया गया था।

इन्हीं दिनों 20 सितंबर, 1932 को महात्मा गांधी ने हरिजनों की समस्या से क्षुब्ध होकर यरवदा जेल में आमरण अनशन शुरू कर दिया।

अंग्रेजी सरकार अपनी सदा की नीति का इस्तेमाल करती हुई भारतीय एकता को खंडित करने के उद्देश्य से फूट डालने की कोशिश कर रही थी। वह हरिजनों को भारत की इकाई से अलग करके उन्हें देश की स्वतंत्रता संबंधी माँग के खिलाफ भड़का रही थी। रवींद्रनाथ को जब इस बात की सूचना मिली, तब उन्होंने तत्काल गांधीजी को एक तार भेजा, जिसमें उन्होंने लिखा था—

"भारत की एकता और सामाजिक पूर्णता के उद्देश्य से आपने अपना अमूल्य जीवन अर्पित करने का जो निश्चय किया है, वह आपकी ही महत्ता के अनुरूप है। हमें पूरी उम्मीद है कि देशवासियों पर ऐसे आत्म-त्याग का प्रभाव पड़े बिना नहीं रहेगा और वे ऐसी राष्ट्रीय दुर्घटना को चरमसीमा तक पहुँचने नहीं देंगे। हम आपकी इस महान् तपस्या का सादर और सप्रेम अनुसरण करेंगे।"

जब सवर्णों और हरिजनों, दोनों पक्षों के नेताओं ने आपस में समझौता कर लिया, तब गांधीजी ने अनशन भंग कर दिया। रवींद्रनाथ स्वयं इस अवसर पर गांधीजी से मिलने गए थे। गांधीजी ने अनशन तोड़ने पर पहले रवींद्रनाथ के हाथों से संतरे का रस पिया था। रवींद्रनाथ का अपनापन और सौहार्द पाकर महात्मा गांधी बहुत प्रसन्न हुए। उन्होंने बाद में एंड्रूज को एक पत्र में लिखा था—"मैंने इस बार अपने अनशन द्वारा बहुत सी ऐसी निधियाँ प्राप्त कीं, जिनकी मैंने पहले कभी कल्पना भी नहीं की थी। इन निधियों में सबसे अधिक मूल्यवान गुरुदेव स्वयं थे। शुरू से ही मेरी इच्छा रही है कि उनके दिल के एक कोने में स्थान पा जाऊँ। इस बार मैंने महसूस किया कि मेरी यह इच्छा पूरी हो गई है।"

1933-34 के दौरान रवींद्रनाथ की जो पुस्तकें प्रकाशित हुईं, उनमें प्रमुख थीं—'बांशरी', 'चांडालिका', 'विचित्रा', 'मालंच', 'दुई बोन' और 'चार अध्याय'। इनमें 'बांशरी' और 'चांडालिका' नाटक हैं। 'विचित्रा' कविता संग्रह

है। 'मालंच', 'दुई बोन' और 'चार अध्याय' उपन्यास हैं। 'बांशरी' में एक आधुनिक सुशिक्षित जिद्दी युवती के बाहरी और भीतरी संघर्ष का चित्रण किया गया है। 'बांशरी' (नायिका) किस प्रकार क्षितीश नामक एक तरुण लेखक को अपने प्रेमजाल में फँसाती है और फिर उसे विवाह के लिए मजबूर करती है—इस कथा का चित्रण नाटक में किया गया है। 'चांडालिका' का कथानक हरिजन समस्या पर आधारित है।

'मालंच' में दो प्रतिद्वंद्वी स्त्रियों का मनोवैज्ञानिक चित्रण किया गया है। आदित्य की पत्नी नीरजा अपने पति के साथ विवाह के दस साल गुजार लेने के बाद जब बीमार हो जाती है, तब अपने पति के सुख और शांति के लिए चिंतित रहने पर भी उसकी संगिनी और रिश्तेदार सरला के प्रति ईर्ष्यालु हो उठती है। सरला के पिता की सहायता के कारण ही आदित्य अपनी आर्थिक स्थिति मजबूत करने में सफल हुआ है। सरला सुशील और भली लड़की है। जब वह देखती है कि उसकी वजह से नीरजा की पीड़ा बढ़ गई है, तब वह आदित्य का साथ छोड़कर देश-सेवा करने में जुट जाती है और जेल चली जाती है। इसके बाद नीरजा के मन में सरला के प्रति हमदर्दी का भाव पैदा होता है, लेकिन जब सरला जेल से रिहा होकर आती है और आदित्य उससे नजदीकी बढ़ाने लगता है, तब फिर नीरजा आशंकित हो उठती है। ईर्ष्या की प्रबलता के कारण उसकी बीमारी बढ़ जाती है और वह दम तोड़ देती है।

'दुई बोन' में भी इसी तरह की समस्या का अलग अंदाज में चित्रण किया गया है। इसमें दो बहनों के बीच प्रेम को लेकर प्रतिद्वंद्विता का चित्रण किया गया है। शशांक की प्यारी पत्नी शर्मिला जब बीमार पड़ जाती है, तब उसकी बहन उर्मिला उसके घर उसकी देखभाल करने के लिए आती है। धीरे-धीरे शर्मिला देखती है कि शशांक और उर्मिला के बीच नजदीकियाँ बढ़ती जा रही हैं। शर्मिला अपनी मानसिक पीड़ा को छिपाकर शशांक से आग्रह करती है कि वह उर्मिला से विवाह कर कलकत्ता चला जाए, मगर उर्मिला हालात पर अच्छी तरह गौर करने के बाद एक दिन चुपचाप घर छोड़कर चली जाती है। वह पत्र लिखकर शर्मिला को सूचित करती है कि

उच्च शिक्षा प्राप्त करने के लिए वह यूरोप जा रही है।

'चार अध्याय' का कथानक स्वदेशी युग के क्रांतिकारी आंदोलन पर आधारित है। इस उपन्यास में रवींद्रनाथ ने मशहूर क्रांतिकारी ब्रह्मबांधव उपाध्याय के चरित्र के आधार पर नायक का चित्रण किया है। उपाध्याय उनके मित्र थे और शांति-निकेतन के आरंभिक दिनों में उन्होंने अध्यापक के रूप में काम भी किया था। उसके बाद स्वदेशी आंदोलन के समय देश की सेवा करने के लिए वे शांति-निकेतन छोड़कर चले गए थे और क्रांतिकारी बन गए थे।

9 मई, 1934 को रवींद्रनाथ ने नंदलाल वसु एवं दूसरे कलाकारों के दल के साथ श्रीलंका की यात्रा की। श्रीलंका में विभिन्न भारतीय एवं सिंहली संस्थाओं ने उनका हार्दिक स्वागत किया। इस अवसर पर कोलंबो के एक प्रेक्षागृह में शांति-निकेतन से आए रंगकर्मियों ने रवींद्रनाथ के नाटक 'शाप मोचन' का मंचन किया। कोलंबों की आर्ट गैलरी में चित्र प्रदर्शनी लगाई गई। लंका के पर्यटन स्थलों की सैर करते हुए और जगह-जगह भाषण देते हुए 19 जून को रवींद्रनाथ शांति-निकेतन लौट आए।

1935 में मशहूर जापानी कवि योने नागूची शांति-निकेतन आए। उन्होंने रवींद्रनाथ को अपनी कविताएँ सुनाईं और उनकी कविताएँ भी सुनीं। जापान की साम्राज्यवादी नीति और चीन पर उसकी गिद्ध दृष्टि को लेकर दोनों के बीच बहस हुई। जब योने नॉगूची जापान लौट गए, उसके बाद भी इस विषय को लेकर दोनों के बीच पत्र-व्यवहार होता रहा।

इसी वर्ष बनारस हिंदू विश्वविद्यालय ने रवींद्रनाथ को डॉक्टरेट की मानद उपाधि प्रदान की। अगले वर्ष 1936 में ढाका विश्वविद्यालय ने उन्हें 'डॉक्टर ऑफ लिटरेचर' की उपाधि से सम्मानित किया। इसी साल 'शेष सप्तक' और 'बीथिका' नामक पुस्तकें प्रकाशित हुईं।

1936 में रवींद्रनाथ ने विश्वभारती के लिए चंदा जुटाने के उद्देश्य से शांति-निकेतन के कलाकारों के साथ उत्तर भारत का दौरा किया। पटना, इलाहाबाद, दिल्ली आदि शहरों में नृत्य-गीत के कई कार्यक्रम आयोजित किए गए। दिल्ली में उनकी मुलाकात गांधीजी से हुई। गांधीजी ने जब देखा

कि 76 साल की उम्र में गुरुदेव को विश्वभारती के लिए वित्त जुटाने के लिए घूम-घूमकर सांस्कृतिक कार्यक्रम आयोजित करने पड़ रहे हैं तो उन्हें पीड़ा महसूस हुई। उन्होंने विश्वभारती के लिए साठ हजार रुपए की वित्तीय सहायता का इंतजाम कर दिया।

फरवरी 1937 में रवींद्रनाथ ने कलकत्ता विश्वविद्यालय में दीक्षांत भाषण दिया। कलकत्ता विश्वविद्यालय के इतिहास में यह पहला दीक्षांत भाषण था, जो बाँगला में दिया गया था। उसी साल 14 अप्रैल को शांति-निकेतन में 'चाइना भवन' की स्थापना की गई। उसी महीने कवि ने विश्व मानवता के प्रति एक अपील जारी की, जिसमें इस बात पर जोर दिया गया कि विश्वव्यापी बर्बरता की बाढ़ से मानव सभ्यता की रक्षा करने का समय आ गया है। उन दिनों एक ओर स्पेन में गृहयुद्ध चल रहा था और दूसरी ओर चीन पर जापान ने अपने पंजे बुरी तरह गड़ा रखे थे। रवींद्रनाथ ने लिखा कि आधुनिक संसार की कलात्मक संस्कृति का प्रमुख केंद्र मैड्रिड शहर जल रहा है, चीन में जापान बिना सोचे-विचारे बमबारी कर रहा है। इस प्रकार मानवता के पवित्रतम आविष्कारों को निर्ममता से कुचलकर मिट्टी में मिलाया जा रहा है। अंतरराष्ट्रीय फासीवाद के खिलाफ उनकी इस अपील की चर्चा दुनिया भर के पत्र-पत्रिकाओं ने की और कई मनीषियों ने उनकी अपील का समर्थन किया।

तीन साल पहले अगस्त 1934 में प्रोफेसर गिलबर्ट मरे ने रवींद्रनाथ के नाम एक पत्र लिखकर सभ्यता के उद्धार और अंतरराष्ट्रीय संकट के निवारण के उद्देश्य से दुनिया भर के प्रमुख मनीषियों, लेखकों और कवियों के संगठन की आवश्यकता पर जोर देते हुए उनसे ऐसे संगठन के लिए सहयोग करने का अनुरोध किया था। रवींद्रनाथ ने एक लंबा उत्तर लिखा—जिसमें यूरोपीय साम्राज्यवाद द्वारा एशिया के शोषण की तीव्र निंदा की गई थी और यह विचार प्रकट किया गया था कि जब तक इस शोषण का अंत नहीं होता, तब तक संसार में शांति की स्थापना नहीं हो सकती।

1938 में लेडी लिनलिथगो और उनकी पुत्री ने शांति-निकेतन पहुँचकर रवींद्रनाथ के दर्शन किए। उसी साल 16 जनवरी को शांति-निकेतन में सी.एफ.

एंड्रूज ने हिंदी भवन की आधारशिला रखी। इस भवन का उद्घाटन 1939 में पंडित जवाहरलाल नेहरू ने किया। उसी वर्ष सुभाषचंद्र बोस भी शांति-निकेतन पहुँचकर रवींद्रनाथ से मिले थे।

फरवरी 1940 में महात्मा गांधी तीसरी बार शांति-निकेतन गए। गांधीजी ने कहा था—"शांति-निकेतन की यात्रा मेरे लिए तीर्थयात्रा से भी बढ़कर है।" इस बार रवींद्रनाथ से गांधीजी ने विभिन्न विषयों पर खुलकर बातचीत की और गांधीजी अत्यंत प्रसन्न होकर वहाँ से लौटे। गांधीजी को विदा करते समय रवींद्रनाथ ने एक पत्र दिया। उस पत्र में गांधीजी से अनुरोध किया गया था कि वह विश्वभारती को अपने संरक्षण में ले लें। पत्र में लिखा गया था—"विश्वभारती एक जहाज की तरह है, जो मेरे जीवन की सबसे अधिक मूल्यवान् निधियों को वहन करता हुआ चला जा रहा है और मैं आशा करता हूँ कि देशवासी स्नेहपूर्ण यत्न से इसकी रक्षा करेंगे।"

गांधीजी को यह देखकर अत्यंत आश्चर्य हुआ था कि 79 वर्ष की उम्र में भी रवींद्रनाथ का चेहरा अपूर्व तेज से दमक रहा था और उनकी आवाज की स्पष्टता पहले की तरह बनी हुई थी।

उसी वर्ष 7 अगस्त को भारत के तत्कालीन प्रधान न्यायाधीश सर मॉरिस ग्वायर ऑक्सफोर्ड विश्वविद्यालय के प्रतिनिधि की हैसियत से शांति-निकेतन आए और उन्होंने रवींद्रनाथ को ऑक्सफोर्ड की तरफ से डी.लिट्. की मानद उपाधि प्रदान की। सर मारिस ने लिखा था कि कवि का शरीर भले ही कमजोर हो गया था, मगर उनका मस्तिष्क जाग्रत् था और उनकी वाणी में पहले जैसा तेज विद्यमान था। इस अवसर पर शांति-निकेतन में ऑक्सफोर्ड विश्वविद्यालय की तरफ से विशेष दीक्षांत समारोह आयोजित किया गया। वैदिक मंत्रों का उच्चारण किया गया। इस अवसर के लिए रवींद्रनाथ ने विशेष रूप से एक गीत की रचना की थी, जिसे गायकों ने गाकर सुनाया।

उसी वर्ष 13 अगस्त को शांति-निकेतन में गोस्वामी तुलसीदास की 317वीं जयंती मनाई गई। रवींद्रनाथ ने हिंदी के महाकवि की प्रशंसा करते हुए कहा—"हिंदी के सर्वश्रेष्ठ कवि तुलसीदास की कविता के बीज किसी ऊसर भूमि में

नहीं बोए गए हैं। वे जनसाधारण की आत्मा की चिर उर्वर मिट्टी में निरंतर नए-नए रूपों में उगते और पनपते रहते हैं। उनसे जो आध्यात्मिक आस्था के फल उत्पन्न होते हैं, वे राष्ट्रीय संस्कृति के भंडार को निरंतर भरते हैं।

"मैंने केवल तुलसीदास के यशोसौरभ का ही आस्वादन किया है और उनकी कृतियों के संबंध में कोई विशेष ज्ञान मुझे नहीं है, फिर भी मैं उस कवि के महत्त्व का अनुभव बराबर करता रहता हूँ, जिसकी प्रतिभा भारत की मिट्टी में एक विशाल वटवृक्ष की तरह अपनी जड़ों को गहराई में जमाए हुए है। उस महावृक्ष की छाया में हजारों प्यासी आत्माएँ जीवन की शांति प्राप्त करती हैं।

"तुलसीदास का रामचरितमानस कोई ऐसी पुरानीं चीज नहीं है, जो सिरे से दुहराई गई हो। यह एक पूर्णतः नई साहित्यिक सृष्टि है। उनकी गहरी भक्ति के माध्यम से एक पुरानी कथा एक नए रूप में प्रस्फुटित हुई है। उनकी महत्ता इस बात में है कि उन्होंने वाल्मीकि के राम को एक नए दृष्टिकोण से देखकर अभिनव रूप में अवतरित किया है और उन्हें साधारण जनता के हृदय में गहराई से प्रविष्ट करा दिया है।

"आज भारतीय साहित्य में पाश्चात्य साहित्य के प्रभाव से स्पष्ट ही एक नया परिवर्तन आया है। मैं जानता हूँ कि यह परिवर्तन अनिवार्य है, फिर भी मुझे पूर्ण विश्वास है कि हिंदी साहित्य में तुलसीदास सदा अमर रहेंगे। इसका कारण यह है कि उनके काव्य की जड़ें जनसाधारण के प्राणों के भीतर तक बैठ चुकी हैं। वे युग-युग में बदलते रहनेवाले साहित्यिक फैशनों के प्रभाव से परे हैं। उनकी प्रतिभा सदा हमारे राष्ट्रीय साहित्य का मुख उज्ज्वल करती रहेगी और उसकी हरियाली चिरकाल तक वैसी ही बनी रहेगी।"

शरीर के अशक्त हो जाने पर भी रवींद्रनाथ का मस्तिष्क ठीक-ठीक कार्य कर रहा था और वे निरंतर साहित्य रचना करते रहते थे। नवजातक (कविता संग्रह), शनैः (कविता संग्रह), छेले बेला (संस्मरण), रोगशय्या और आरोग्य (कविता संग्रह) उन्होंने रुग्णावस्था में बिस्तर पर पड़े-पड़े ही रची थीं।

14 अप्रैल, 1941 को रवींद्रनाथ की 81वीं वर्षगाँठ मनाई गई। वे उस समय भी अस्वस्थ थे, इसीलिए सादगी के साथ जन्मदिन समारोह आयोजित किया गया। इस अवसर पर उन्होंने एक बृहत् संदेश दिया, जो 'सभ्यतार संकट' के नाम से देश-विदेश के अखबारों में प्रकाशित हुआ। इस संदेश से स्पष्ट होता है कि जीवन-व्यापी अनुभव के पश्चात् कवि अपने अंतिम दिनों में पाश्चात्य-सभ्यता के कट्टर विरोधी हो गए थे और अंग्रेजों की सदाशयता पर से उनका विश्वास उठ गया था। इस महत्त्वपूर्ण संदेश का मुख्य अंश इस प्रकार है—"आज मेरी 80 वर्ष की आयु पूरी हुई। मेरे जीवन क्षेत्र की विस्तीर्णता आज मेरे सम्मुख फैली हुई है। पूर्वतप दिगंत में जो जीवन आरंभ हुआ था, उसका दृश्य दूसरे क्षेत्र से निःशक्त दृष्टि से मैं देख रहा हूँ और अनुभव कर रहा हूँ कि मेरे जीवन और समस्त देश की मनोवृत्ति की परिणति अलग-अलग हो गई है। यही विच्छिन्नता मेरे गंभीर दुःख का कारण है।

"इस बृहत् मानव-विश्व के साथ हमारा प्रत्यक्ष परिचय आरंभ हुआ था उस समय की अंग्रेज-जाति के इतिहास से। हमारी अभिज्ञता के बीच उद्घाटित हुआ था एक महत् साहित्य के उच्च शिखर से भारत के इस आगंतुक का चरित्र परिचय। उस समय हमारे विद्या लाभ के पथ्य-परिवेशन में प्राचुर्य व वैचित्र्य नहीं था। उस समय की जो विद्या ज्ञान के नाना केंद्रों से विश्व-प्रकृति का परिचय व उसकी शक्ति का रहस्य नए-नए प्रकार से दिखाती थी, उसका अधिकांश भाग तब नेपथ्य (अगोचर) में था। प्रकृति तत्त्व के विशेषज्ञों की संख्या थोड़ी ही थी, तब अंग्रेजी भाषा के भीतर से अंग्रेजी साहित्य को जानना और उपभोग करना प्रबुद्धता का परिचय था। दिन-रात तर्क की वाग्मिता से मुखरित थे, मैकाले के भाषा प्रवाह की तरंगों से। नित्य ही आलोचना चलती रहती थी, शेक्सपीयर के नाटकों को लेकर, बायरन के काव्य को लेकर। उस समय की राजनीति सर्वमानव की विजय घोषणा में थी। उस समय हमने स्वजाति की स्वाधीनता की साधना आरंभ की थी, किंतु अंग्रेज जाति की उदारता के प्रति हृदय में विश्वास था। यह विश्वास ऐसा गंभीर था कि एक समय हमारे साधकों ने निश्चित किया कि इस विजित

जाति की स्वाधीनता का पथ विजयी जाति की अनुकंपा से ही प्रशस्त होगा, क्योंकि एक समय अत्याचार से पीड़ित जाति का आश्रय-स्थल इंग्लैंड था। जो स्वजाति के सम्मान की रक्षा के लिए जी-जान से प्रयास कर रहे थे, उनका अकुंठित आसन इंग्लैंड में था। मानव- मैत्री का विशुद्ध परिचय मैंने अंग्रेज-चरित्र में देखा है। इसी से आंतरिक श्रद्धा के साथ अंग्रेजों को हृदय के उच्चासन पर बिठाया था। उस समय साम्राज्य के दर्प में उसके स्वभाव की करुणा कलुषित नहीं हुई थी।

''मेरी आयु जब अल्प ही थी, तभी मैं इंग्लैंड चला गया था। उसी समय जॉन ब्राइट के मुख से पार्लियामेंट में और उसके बाहर किसी-किसी सभा में जो व्याख्यान सुना था, उसमें चिरकाल की अंग्रेज वाणी व्यक्त होती थी। उसी व्याख्यान के प्रभाव ने सभी जातिगत संकीर्ण सीमाओं का अतिक्रमण कर मेरे हृदय में जो प्रभाव-विस्तार किया था, वह मुझे आज तक याद है और आज इन श्रीभ्रष्ट दिनों में भी वह मेरी पूर्व स्मृति की रक्षा कर रहा है। यह परनिर्भरता निश्चय ही हमारे लिए श्लाघा का विषय नहीं थी, किंतु इसमें इतनी ही प्रशंसा की बात थी कि अपनी उस अनभिज्ञता के बीच भी मानवता का एक महत् रूप उस दिन मैंने देखा था। वह रूप यद्यपि एक विदेशी द्वारा प्रकट किया गया था, पर उसे श्रद्धापूर्वक ग्रहण करने की शक्ति हममें थी और किसी प्रकार की कुंठा हममें नहीं थी। कारण, मनुष्य में जो कुछ श्रेष्ठ है, वह किसी जाति की सीमा में ही बँधा नहीं रह सकता, वह कृपण के अवरुद्ध भंडार की संपत्ति नहीं है। इसी से अंग्रेजों के जिस साहित्य से हमारे मन ने शक्ति प्राप्त की थी, आज तक उसका विजय-शंख मेरे मन में बज रहा है।

''सिविलाइजेशन' का, जिसका हम 'सभ्यता' अनुवाद करते हैं, यथार्थ प्रतिशब्द हमारी भाषा में मिलना सहज नहीं है। इस सभ्यता का जो रूप हम लोगों के देश में प्रचलित था, उसे मनु ने कहा था— सदाचार, अर्थात् कितने ही सामाजिक नियमों का बंधन। इन नियमों के संबंध में प्राचीन काल में जो धारणा थी, वह भी एक संकीर्ण भूगोल-खंड में बंद थी। सरस्वती और दृशद्वती नदियों का मध्यवर्ती जो देश ब्रह्मावर्त नाम से विख्यात था, उसी देश

में जो आचार-परंपरा क्रम से चली आई है, उसे ही सदाचार कहते हैं—अर्थात् इस आचार की भित्ति प्रथा के ऊपर ही प्रतिष्ठित है, फिर चाहे उसमें कितनी ही निष्ठुरता क्यों न हो, कितना ही अविचार क्यों न हो। इसी प्रकार प्रचलित संस्था ने हमारे आचार-विचार को ही प्रधानता देकर चित्त की स्वाधीनता का बिना विचार के ही अपहरण किया था। सदाचार का जो आदर्श एक समय मनु ने ब्रह्मावर्त में प्रतिष्ठित देखा था, उसी आदर्श ने क्रमशः लोकाचार को अपना आश्रय बनाया। मैंने जिस समय जीवन आरंभ किया था, उस समय अंग्रेजी शिक्षा के प्रभाव से इस बाह्य आचार के विरुद्ध देश के शिक्षित लोगों के मन में विद्रोह परिव्याप्त हो चला था।

''इस सदाचार के स्थान में सभ्यता के आदर्श को हमने अंग्रेज जाति के चरित्र के साथ मिलाकर ग्रहण किया था। हम लोगों के परिवार में यह परिवर्तन क्या धर्म मत में, क्या लोक-व्यवहार में, क्या न्याय-बुद्धि के अनुशासन में, पूर्ण रूप से गृहीत हुआ था? मैंने ऐसे ही समय में जन्म ग्रहण किया था और उसी के साथ हमारे स्वाभाविक साहित्यानुराग ने भी अंग्रेजों को उच्चासन पर बिठाया था। इस प्रकार मेरे जीवन का प्रथम भाग बीता। उसके बाद ही कठिन दुःख का परिच्छेद आरंभ हुआ। रोज ही देख सका कि सभ्यता को जिन्होंने चरित्र-उत्स से उत्पन्न रूप में स्वीकार किया था, शत्रु के प्रवर्तन में वे क्या उसे अनायास ही लाँघ सकते थे!

''एकांत साहित्य के रसास्वादन के उपकरण के दायरे से एक दिन मुझे बाहर आना पड़ा। उस समय भारतवर्ष के जनसाधारण का जो निदारुण दारिद्र मेरे सामने आया, वह हृदय-विदारक था। अन्न-वस्त्र दिलाने वाली शिक्षा में मनुष्य के शरीर और मन के लिए जो नितांत आवश्यक है, उसका ऐसा अभाव जान पड़ा, जैसा आधुनिक शासन-चलित किसी भी देश में नहीं हुआ। जबकि यह देश अंग्रेजों को लंबे समय से ऐश्वर्य प्रदान करता आया है। जब मैं सभ्य जगत् की महिमा के ध्यान में एकांतचित्त से लगा हुआ था, तब किसी दिन मैं मानव के सभ्यता नामधारी आदर्श के ऐसे विकृत रूप की कल्पना भी नहीं कर सका था। अंत में मैंने एक दिन देखा कि इस विकार के भीतर से कई

करोड़ जनसाधारण के प्रति सभ्य जाति की अपरिसीम अवज्ञतापूर्ण उदासीनता उग्र हो उठी है।

"जिस यंत्र-शक्ति की सहायता से अंग्रेज अपने विश्व-कर्तव्य की रक्षा करते आ रहे हैं, उसकी यथोचित चर्चा से यह बदहाल देश वंचित है। मैंने अपनी आँखों के सामने देखा कि जापान देखते-देखते सब प्रकार से किस तरह संपन्न हो गया। जापान की समृद्धि मैं अपनी आँखों से देख आया हूँ। मैंने स्वजाति पर उसके शासन का रूप देखा है और रूस की मॉस्को नगरी में जनसाधारण में शिक्षा-प्रचार और आरोग्य विस्तार के असामान्य और अकृपण अध्यवसाय को देखा है। उसी अध्यवसाय के प्रभाव से इस बृहत् साम्राज्य की मूर्खता, दीनता और आत्म अवमानना कम होती जा रही है। यह सभ्यता जाति का खयाल नहीं करती, श्रेणी का विचार नहीं करती, इसने सर्वत्र विशुद्ध मानव संबंध के प्रभाव का ही विस्तार किया है। उसकी तेज और आश्चर्यजनक परिणति देखकर मैंने एक साथ ईर्ष्या और आनंद दोनों का ही अनुभव किया है। मॉस्को शहर में जाने पर रूस के शासनकार्य की एक असाधारणता ने मेरे हृदय का स्पर्श किया था। वहाँ मैंने देखा कि मुसलमानों को राष्ट्राधिकार में हिस्सेदार बनाने में गैर-मुसलमानों का कोई विरोध नहीं है। उन दोनों के सम्मिलित हितों में शासन-व्यवस्था की यथार्थ सभ्य भूमिका निहित है। मैं यह भी देख आया हूँ कि जो फारस देश एक दिन दो यूरोपीय जातियों के पाटों में पिसा जा रहा था, एक समय वही यूरोपीय निर्मम आक्रमणों के घात-प्रतिघात से अपने-आपको मुक्त करके किस प्रकार नव-जाग्रत् होकर आत्मशक्ति की पूर्णता की ओर बढ़ रहा है। उसके सौभाग्य का प्रधान कारण यह है कि वह यूरोपियनों के चक्रव्यूह से मुक्त हो सका था। दिल से आज मैं फारस देश के कल्याण की कामना करता हूँ। हमारे पड़ोसी अफगानिस्तान में शिक्षा एवं समाज नीति का वैसा ही सार्वजनिक उत्कर्ष हालाँकि अभी तक नहीं हो पाया है, पर उसकी संभावना अक्षुण्ण बनी है। इसका एकमात्र कारण यह है कि सभ्यताभिमानी कोई भी यूरोपीय जाति आज उसे अपने चंगुल में नहीं फँसा सकी है। यह मेरे देखते-देखते चहुँमुखी विकास और आजादी की

राह पर अग्रसर होता जा रहा है।

"भारतवर्ष अंग्रेजों के सभ्य शासन का बहुत बड़ा पत्थर अपनी छाती पर रखे निरुपाय और निश्चल पड़ा है। चीन जैसी बड़ी प्राचीन जाति को अंग्रेजों ने अफीम के जहर से जर्जरित कर दिया और परिणामस्वरूप चीन के एक भाग को अपने अधीन कर लिया। इस अतीत की कथा को जब मैं धीरे-धीरे भूलता चला जा रहा था, तब देखा कि जापान उत्तरी चीन को निगलने में जुटा है। इंग्लैंड के राजनीतिज्ञों ने किस अवज्ञापूर्ण हेकड़ी के साथ इस दस्युवृत्ति को तुच्छ बतलाया। इसके बाद एक दिन किस कौशल के साथ इंग्लैंड ने स्पेन की प्रजातांत्रिक सरकार के पेंदे में छेद कर दिया, यह भी मैंने यहाँ दूर बैठे-बैठे देखा। उसी समय मैंने यह भी देखा कि अंग्रेजों के एक दल ने उसी विपद्ग्रस्त स्पेन के लिए आत्मार्पण किया। हालाँकि अंग्रेजों की यह उदारता प्राच्य चीन के संकट के समय यथोचित रूप से जाग्रत् नहीं हो सकी थी, तथापि एक यूरोपीय जाति के प्रजातंत्र की रक्षा के लिए जब मैंने उनके किसी वीर को अपने प्राण देते देखा तो एक बार फिर मेरे मन में आया कि एक समय मैं अंग्रेजों को मानव-हितैषी के रूप में देखता था और कितने विश्वास के साथ उनकी भक्ति की थी। उस समय की उनकी जर्मनी के साथ हुई मैत्री के इतिहास को दोहराने की आज इच्छा नहीं हो रही है। मैं यही बात सोचता हूँ कि साम्राज्य-स्वार्थलोलुपता से इतनी बड़ी जाति का चरित्र किस प्रकार क्रमशः लज्जाजनक विकार से कुत्सित हो गया है; विचार आया कि एक दिन जिसे तरुण, युवा, स्वस्थ, सबल और और मानव हित के लिए असाध्य अध्यवसाय के लिए प्रस्तुत देखा था, आज उसी की मज्जा में से चुपचाप विनाश फूटकर किस प्रकार क्रमश : उसके शरीर को जर्जरित कर रहा है। यूरोपीय जाति की स्वभावगत सभ्यता के प्रति मेरा विश्वास किस प्रकार क्रमशः खत्म हो गया है, इसी का शोचनीय इतिहास आज मुझे आपको बताना पड़ा है। सभ्य शासन के संचालन में आज भारतवर्ष की जिस सबसे बड़ी दुर्गति ने अपना सिर ऊँचा उठाया है, वह केवल अन्न, वस्त्र, शिक्षा एवं आरोग्य का ही शोचनीय अभाव नहीं है, बल्कि वह है भारतवासियों की

नृशंस फूट। हमारे लिए सबसे बड़े दु:ख की बात यही है कि इस सबके लिए हमें अपने समाज को ही एकमात्र जिम्मेदार ठहराना पड़ता है, किंतु इस दुर्गति का रूप जो प्रतिदिन क्रमश: उत्कट होता जा रहा है, उसको यदि भारत के शासनतंत्र के अंतर्गत किसी गुप्त केंद्र के द्वारा प्रथम पोषण न मिलता तो कभी भारत के इतिहास में इतना बड़ा अपमानजनक एवं असभ्य परिणाम नहीं हो सकता था। भारतवासी बुद्धि और सामर्थ्य में किसी अंश में जापानियों से कम हैं—यह बात विश्वास करने योग्य नहीं है। इन दोनों प्राच्य देशों में सबसे बड़ा भेद यही है कि भारतवर्ष जहाँ अंग्रेजों द्वारा स्वत: अधिकृत एवं अभिभूत है, वहीं जापान किसी भी यूरोपीय जाति की छाया से सर्वथा मुक्त है। इस विदेशी सभ्यता ने—यदि इसे सभ्यता कहा जा सके तो—हम लोगों का सबकुछ छीन लिया है। उसके बदले में उसने अपने हाथ में जो डंडा धारण किया है, उसको नाम दिया गया है कानून और व्यवस्था, जो बिलकुल बाहर की चीज है। जो दरबानगिरी मात्र है। पाश्चात्य जाति की सभ्यता के अभिमान के प्रति अपनी श्रद्धा की रक्षा करना अब मेरे लिए नितांत असाध्य हो गया है। हमने उसका शक्ति रूप देखा है, किंतु उसका मुक्ति रूप नजर नहीं आ सका—अर्थात् मनुष्य का मनुष्य से जो सबसे मूल्यवान् संबंध है और जिसे यथार्थ सभ्यता कहा जा सकता है, उसकी कृपणता, जिसने कि भारतीयों की उन्नति का पथ संपूर्ण रूप से अवरुद्ध कर दिया है।

"मेरा व्यक्तिगत सौभाग्य यह जरूर रहा है कि बीच-बीच में मेरी कुछ उदार अंग्रेजों से भेंट होती रही है। यह महत्त्व मैं जन्म से किसी जाति के किसी संप्रदाय में नहीं देख सका। ऐसे अंग्रेज ही आज भी अंग्रेज जाति के प्रति मेरे विश्वास को कायम रखे हुए हैं। उदाहरण के लिए, मैं एंड्रूज का नाम ले सकता हूँ। उनमें मुझे यथार्थ अंग्रेज, यथार्थ ईसाई और यथार्थ मानव को बंधु-भाव से अत्यंत निकट से देखने का सौभाग्य प्राप्त हुआ है। आज मृत्यु के प्रतिप्रेक्षण से उनका स्वार्थ-संपर्क-हीन निर्भीक महत्त्व और भी ज्योतिर्मय होता हुआ नजर आता है। उनके प्रति मेरी और मेरे समस्त देश की कृतज्ञता के अनेक कारण हैं, किंतु व्यक्तिगत रूप से मैं उनके प्रति विशेष कृतज्ञ हूँ।

अपनी युवावस्था में अंग्रेजी साहित्य का अध्ययन करते समय जिस अंग्रेज जाति को संपूर्ण चित्त से एक दिन मैं निर्मल श्रद्धा की दृष्टि से देखता था, आयु के अंतिम भाग में वे उसी की जीर्णता और कलंक को दूर करने में मेरी सहायता कर गए। उनकी स्मृति के साथ ही इस जाति का मर्मगत महारंभ मेरे मन में अचल रहेगा। मैं उन्हें अपना निकटतम बंधु और समस्त मानव जाति का बंधु मानता था। उनका परिचय मेरे जीवन की एक श्रेष्ठ संपत्ति के रूप में संचित रहेगा। मेरा मन कहता था कि वे अंग्रेजों के महत्त्व की डूबती हुई नैया को बचाने का शक्ति भर प्रयत्न कर सकेंगे। यदि मेरा उनसे साक्षात्कार न होता तो पाश्चात्य जाति के संबंध में मेरे नैराश्य का किसी रूप में प्रतिवाद नहीं हो पाता।

"भाग्य-चक्र के परिवर्तन से किसी-न-किसी दिन अंग्रेजों को इस भारतीय साम्राज्य को छोड़कर जाना ही होगा, किंतु वे किस भारत को अपने पीछे यहाँ छोड़ जाएँगे—क्या लक्ष्मीहीन दरिद्र भारत को? एकाधिक शताब्दी की उनकी शासन-धारा जब सूख जाएगी, तब क्या उसकी विस्तीर्ण पंक-शय्या उनकी गहन असफलता को वहन कर सकेगी? अपने जीवन के शुरुआती दौर में मैंने पूरे मन से विश्वास किया था कि यूरोप की संपत्ति पाश्चात्य सभ्यता की ही देन है और आज अपने विदा के दिन मेरा यह विश्वास पूरी तरह खत्म हो गया है। आज में आशा करता हूँ कि मेरी इस दारिद्र्य-लांछित कुटी में परित्राणकर्ता का जन्मदिन आ रहा है। मैं इसकी अपेक्षा करता हूँ कि वह इसी पूर्व दिशा से अपने साथ सभ्यता की दैववाणी लेकर आएगा और मनुष्य को उसके चरम आश्वासन का संदेश सुनाएगा। आज मै उस पार की यात्रा करने चला हूँ—पिछले घाट पर क्या देख आया हूँ, क्या रख आया हूँ, इतिहास का कैसा नगण्य उच्छिष्ट सभ्यता-अभिमान का परिकीर्ण भग्नस्तूप! किंतु मनुष्य के प्रति विश्वास खो देना पाप है, अत: उस विश्वास की मैं अंतिम समय तक रक्षा करूँगा। मैं आशा करता हूँ कि जब महाप्रलय के बाद आकाश वैराग्य के मेघों से मुक्त होगा, तब सूर्योदय की पूर्व दिशा से ही इतिहास का एक निर्मल आत्म-प्रकाश प्रकट होगा और एक दिन अपराजित

मनुष्य अपनी महत् मर्यादा को पुनः प्राप्त करके पथ पर अपनी जययात्रा के अभियान के लिए सब विघ्न-बाधाओं का अतिक्रमण कर अग्रसर होगा। मनुष्यत्व के अंतहीन और प्रतीकारहीन पराभव को ही उसकी चरम सीमा कहना मैं अपराध समझता हूँ।

"यह बात मैं आज कहे जाता हूँ कि प्रबल प्रतापशाली की भी क्षमता, दर्प और आत्मनिर्भरता सुरक्षित नहीं, इसी के प्रमाणित होने का दिन आज सम्मुख आ उपस्थित हुआ है। निश्चय ही यह सत्य प्रमाणित होगा—

अधर्मेणैधते तावत् ततो भद्राणि पश्यति।
ततः सपत्नान् जयति समूलस्तु विनश्यति॥"

जून 1941 में रवींद्रनाथ की तबियत अचानक फिर बिगड़ गई। इस समाचार से देश भर में चिंता के बादल छा गए। वे अभी रोग शय्या पर ही थे कि समाचार-पत्रों में उन्हें ब्रिटिश पार्लियामेंट की सदस्य मिस रैथबोन की एक खुली चिट्ठी पढ़ने को मिली, जो पंडित जवाहरलाल नेहरू के नाम लिखी गई थी। कवि के हृदय पर रैथबोन के आक्षेपों से गहरी चोट लगी। भारत का ऐसा अपमान उन्हें रुग्णावस्था में भी सहन नहीं हो सका। इसलिए बिस्तर पर पड़े-पड़े ही उन्होंने उक्त पत्र का मुँहतोड़ उत्तर लिखा—

"कुमारी रैथबोन ने भारतीयों के नाम जो खुली चिट्ठी लिखी है, उससे मुझे अत्यंत तकलीफ पहुँची है। मैं नहीं जानता कि कुमारी रैथबोन कौन हैं। मैं यह मान लेता हूँ कि वे 'सद्भावनापूर्ण' औसत अंग्रेज की मानसिकता का ही प्रतिनिधित्व करती हैं। उनकी चिट्ठी खास तौर से पंडित जवाहरलाल के नाम है। मुझे इसमें जरा भी संदेह नहीं कि अगर स्वतंत्रता के युद्ध का वह महान् योद्धा इस समय सीखचों के पीछे न होता और उसकी जुबान पर कुमारी रैथबोन के देशवासियों द्वारा ताला न लगा दिया गया होता तो वह उनके इन मुफ्त में दिए गए उपदेशों का उचित उत्तर देता। आज चूँकि मौन रहने के लिए वह इस प्रकार विवश है, इसीलिए मुझे रोग शय्या से भी विरोध की आवाज उठानी पड़ी।

''इस महिला ने हमारे विवेक को इस तरह की निर्बुद्धितापूर्ण और धृष्ट चुनौती देकर अपने देशवासियों को कोई लाभ नहीं पहुँचाया है। कुमारी रैथबोन को इस बात पर बड़ी परेशानी है कि अंग्रेजों की विचार-सरिता में गहरी डुबकी लगा चुकने के बाद भी हम इतने अकृतज्ञ हैं कि अपने गरीब देशवासियों का थोड़ा-बहुत खयाल हमारे दिलों में बना हुआ है। अंग्रेजी विचारधारा ने, जहाँ तक वह पाश्चात्य ज्ञान-परंपरा की एक श्रेष्ठ प्रतिनिधि है, हमको बहुत कुछ सिखाया है, परंतु हमारे जिन देशवासियों ने उससे लाभ उठाया है, उन्होंने ब्रिटिश सरकार की इस कोशिश के बावजूद कि भारतीयों को ज्यादा शिक्षा न मिलने पाए, ऐसा किया है। पाश्चात्य ज्ञान तो हमको किसी भी दूसरी यूरोपीय भाषा से मिल सकता था।

''क्या दुनिया के और सभी राष्ट्रों ने ज्ञान प्राप्त करने के लिए अंग्रेजों की राह देखी है? अंग्रेजों का यह आत्मसंतोष अत्यंत धृष्टतापूर्ण है कि यदि वे हमें शिक्षा न देते तो अभी तक हम तामस युग में ही पड़े रहते। सरकारी जरिए से अंग्रेजी राज में भारतीय बच्चों को स्कूलों में जो शिक्षा मिली है, उसने उनको अंग्रेजों की श्रेष्ठ विचारधारा से परिचित नहीं कराया है, उसने दी है उनको अंग्रेजों के भोजन की थाली की बची हुई जूठन और त्याज्य वस्तुएँ जिनके कारण उन्होंने अपनी संस्कृति के पौष्टिक भोजन को भी त्याग दिया है।

''यह मान लेने पर भी कि अंग्रेजी के सिवा और किसी भाषा के जरिए हमको ज्ञान प्राप्त नहीं हो सकता था, हम देखते हैं कि 1931 में दो सौ वर्षों तक अंग्रेजों से शिक्षा पा चुकने के बाद भी हमारे देश के केवल एक फीसदी आदमी अंग्रेजी भाषा में साक्षर हैं, परंतु 1931 में सोवियत रूस में अर्थात् केवल 15 वर्ष के सोवियत शासन के बाद ही 98 फीसदी लड़के शिक्षित हो चुके थे।

''मनुष्य के लिए संस्कृति से भी ज्यादा जरूरी है उसके जीवन धारण के अत्यावश्यक साधन। इस मामले में ब्रिटेन ने जिनके हाथों में पिछले दो सौ वर्षों से हमारे खजाने की कुंजी रही है, हमारे लिए क्या किया? मैं अपने चारों

ओर नरकंकाल ही पाता हूँ, जो रोटियाँ माँगते हैं। मैंने गाँवों में स्त्रियों को चंद बूँद पानी के लिए कीचड़ खोदते देखा है। हिंदुस्तान के गाँवों में स्कूलों के बजाय कुएँ ज्यादा जरूरी हैं।

"मुझे मालूम है कि आज इंग्लैंड के निवासी खुद भूखों मरने के खतरे से घिरे हैं। हम देखते हैं कि सारी ब्रिटिश जलसेना उनको अन्य देशों से भोजन पहुँचाने के काम में लगी हुई है, मगर यहाँ लोग अन्न के अभाव में मर जाते हैं, फिर भी दूसरे जिले से कोई उनको एक गाड़ी चावल तक नहीं भेजता।

"अन्न का जब यह हाल है तब फिर क्या अंग्रेजों की शांति-व्यवस्था के लिए उनके प्रति कृतज्ञता प्रकट की जाए? मैं चारों ओर नजर डालता हूँ कि एक सिरे से दूसरे सिरे तक दंगे की लौ जल रही है। सैकड़ों भारतीय मर जाते हैं, उनकी संपत्ति लूटी जाती है, स्त्रियों की इज्जत हर ली जाती है, फिर भी भारत में ब्रिटेन के हथियार चुप्पी साधे बने रहते हैं। केवल समुद्र के दूसरी ओर से ब्रिटेन की आवाज हमें यह तिरस्कार करती हुई सुनाई पड़ती है—हम अपने घर की व्यवस्था करने में अयोग्य हैं। इतिहास में ऐसे उदाहरणों की कमी नहीं है, जब हथियार से सुसज्जित सैनिकों को बड़ी ताकतों के सामने भागना पड़ा है। इस युद्ध में भी हम जानते हैं कि सबसे बहादुर अंग्रेजी, फ्रांसीसी और यूनानी सैनिकों को जर्मनों के सामने लड़ाई का मैदान छोड़कर भागना पड़ा है। परंतु जब हमारे निहत्थे और असहाय किसान अपने बच्चों को छाती से लगाए गुंडों के आक्रमण से बचने के लिए भागते हैं, तब ब्रिटिश अधिकारी हमारी कायरता पर घृणा के साथ हँसते हैं।

"इंग्लैंड के हर नागरिक के पास आज शत्रुओं से आत्मरक्षा करने के लिए हथियार हैं, परंतु भारत में लाठी का इस्तेमाल भी कानूनन वर्जित है। अंग्रेज नाजियों से घृणा इसलिए करते हैं कि उन्होंने उनके विश्व प्रभुत्व को चुनौती दी है, परंतु कुमारी रैथबोन चाहती हैं कि हम उनके देशवासियों के हाथ को इसलिए चूम लें कि उन्होंने हमारे गले में गुलामी का पट्टा पहनाया है। अंग्रेजों को नापसंद हम इसलिए नहीं करते कि वे विदेशी हैं, बल्कि

इसलिए करते हैं कि हमारे संरक्षक बनने का दावा करते हुए भी विलायत के चंद पूँजीपतियों की जेब भरने के लिए वे लाखों भारतीयों के हितों की बलि चढ़ा देते हैं। हम तो समझते थे कि भले अंग्रेज इन अन्यायों के बारे में चुप रहेंगे और निष्क्रियता के लिए कृतज्ञ होंगे, परंतु वे सज्जनता की सीमा को बिलकुल लाँघ जाते हैं जब वे आघात के साथ अपमान करने के लिए ही हमारे कटे घाव पर नमक छिड़कने की कोशिश करते हैं।''

उन दिनों बंगाल के कई प्रमुख डॉक्टर रवींद्रनाथ का इलाज कर रहे थे। स्वास्थ्य में कुछ सुधार होते न देख डॉक्टरों ने ऑपरेशन करने का निर्णय लिया और इसके लिए उन्हें कलकत्ता लाया गया। ऐसी स्थिति में भी कवि बोलकर कविताएँ लिखवा रहे थे। 30 जुलाई, 1941 को उनका ऑपरेशन हुआ, पर उससे उनकी हालत में कोई सुधार नहीं हुआ। तेजी से उनकी हालत बिगड़ती गई और 7 अगस्त, 1941 को दिन के बारह बजकर सात मिनट पर उनका देहावसान हो गया।

उनकी अंतिम कविता 'मृत्यु' है, जिसे उन्होंने 30 जुलाई, 1941 को ऑपरेशन से कुछ घंटे पहले बोलकर लिखवाया था—

दुखेर आंधार रात्रि बारे-बारे
एसेछे आमार द्वारे।
एकमात्र अस्त्र तार देखोछिन
कष्टेर विकृत भाल, जासेर विकट भंगी जत
अंधकारे छलनार भूमिका ताहार।
जत बार भयेर मुखोस तार करेछि विश्वास,
तत बार हयेछे अनर्थ पराजय।
एइ हार-जीत खेला, जीवनेर मिथ्या ए कुहक
शिशुकाल हते विजड़ित पदे पदे एई विभीषिका
दुखेर परिहासे भरा।
भयेर विचित्र चलच्छवि—
मृत्यु निपुण शिल्प विकीर्ण आंधारे।

भावार्थ : दु:ख की काली रात्रि बारंबार मेरे द्वार पर आई। उसके पास मुझे केवल एक अस्त्र दिखाई पड़ा— कष्ट से विकृत भाव, त्रास से बनाई गई भंगिमा— उसकी भूमिका अंधकार में थी। जब-जब मैंने उसकी भयानक मुखाकृति पर विश्वास किया, तब-तब मेरी व्यर्थ ही पराजय हुई। यह हार-जीत का खेल, यह जीवन का मिथ्या भ्रमजाल, शिशुकाल से ही पद-पद पर विजड़ित दु:ख— परिहास से पूर्ण यह विभीषिका, भय के ये अनोखे चलचित्र! मृत्यु के शिल्पी की अंधकार में की गई कारीगरी!

□

रवींद्रनाथ टैगोर के अनमोल वचन

- सत्य तो यही है कि कोई किसी को गुमराह नहीं करता, बल्कि हम स्वयं ही गुमराह होते हैं।
- सलाह देने वालों की हर बात को ध्यान से सुनो। बाद में उन पर मनन करो, फिर जिसकी मन गवाही दे, उसी को करो। आँखें मूँदकर कभी किसी की बात न सुनो।
- शांति के साथ जीवन व्यतीत करना ही एकमात्र सच्चा रास्ता है।
- मैं अपने शिष्यों से कहता हूँ कि वे कभी किसी की दीनता का उपहास न उड़ाएँ, कल न जाने वह दीन कौन बन जाए, किसे पता है।
- जो लोग मुझसे मिलने आते हैं, वे सोचते हैं जैसे मैं कोई अलौकिक पुरुष हूँ। नहीं मेरे भाई, मैं भी तुम जैसा ही हूँ। मुझमें नया कुछ भी नहीं है। हाँ, इतना अवश्य है कि मैं अपने कर्तव्य का निष्ठा से पालन करता हूँ।
- मनुष्य के हर रूप में ईश्वरीय सत्ता विराजमान है। हाँ, यह बात अलग है कि किसी में दैवीय तत्त्व हैं तो किसी में आसुरी। ये दोनों ही भगवान् के चिर सनातन रूप हैं।
- विद्यालयी शिक्षा परिवार से प्राप्त उच्छृंखलता को समाप्त करती है और मनुष्य को अनुशासन का पालन करना सिखाती है।

- विनम्रता सभी सुखों की जनक है।
- जीवन रूपी सरिता में अपनी नाव को बराबर खेते चलो। यही तुम्हारा कर्म है और यही प्रभु की इच्छा है।
- सभी का जीवन सार्थक हो सकता है, बशर्ते वह अपने लिए सही मार्ग का चुनाव कर ले। नहीं तो उसका जीवन व्यर्थ है।
- राह चलते हुए सदैव देखते चलो कि तुम्हारे आसपास का संसार कैसा है। उससे सीखो, जीवन में बहुत कुछ सीख जाओगे।
- तुम क्या करना चाहते हो, इसका निर्णय अभी करो। प्रभु तुम्हारे तभी सहायक बनेंगे। कल पर निर्णय टालने वालों का कोई साथ नहीं देता है।
- राह चलते भटक जाना साधारण सी बात है, लेकिन भटकने पर अपने घर लौट आना असाधारण बात है।
- व्यक्ति की भावना ही सब कुछ नहीं है। उसका कर्म भी उसमें सम्मिलित है।
- रास्ते पर जब चल ही पड़े तो कंकरीले या पथरीले से घबराना कैसा!
- मैं अपनी राह चुनकर उस पर चलता रहा और अपनी मंजिल पा गया, लेकिन जब तक राह न बनी थी, तब तक बड़ा ही कष्ट था।
- जो अपना कार्य समय पर नहीं करते, बाद में बहुत पछताते हैं।
- हृदय की पूजा ही सर्वश्रेष्ठ है। ईश्वर के सच्चे भक्त वही हैं, जो प्रभु को हृदय में बिठाए रखते हैं।
- मुझसे बार-बार पूछा जाता है कि मैं क्या लिखता हूँ, कैसे लिखता हूँ तो मेरा एक ही उत्तर है कि लेखन से मुझे शांति मिलती है। इसके अलावा मैं कुछ नहीं जानता।
- जीवन में कई क्षण ऐसे आते हैं जिनसे मानव बहुत कुछ सीख सकता है।जो अपने जीवन के क्षणों से सीखता है, वही मनुष्य है।
- ज्ञान पठन-पाठन से नहीं, अनुभव से आता है।

- मृत्यु तो शाश्वत है। इस सत्य का प्रसन्नता से स्वागत करना चाहिए।
- धनिक ही मानव की गरीबी से अधिक लाभ कमाता है।
- देश न जाने कितने धर्म, संस्कृति और आक्रमणों को अपने हृदय में सँजोकर स्पंदित होता है। मैं जब भी अपने देश के बारे में सोचता हूँ तो उसको शत-शत नमन करता हूँ।
- काफी मनन करने के पश्चात् मैं इस निष्कर्ष पर पहुँचा हूँ कि कर्म ही प्रबल है। भाग्य अलग है, तो आइए कर्म करें।
- मनुष्य का सहज विश्वास ही उसकी सबसे बड़ी कमजोरी है।
- चलना ही जीवन है और रुकना ही मौत, इसीलिए बराबर चलते ही रहो।
- मनुष्य को कठिनाई में पड़ने पर अपना सब कुछ प्रभु को सौंप देना चाहिए कि हे प्रभु! तुम्हारी माया तुम्हारे हवाले और निश्चिंत हो जाना चाहिए।
- मैंने सदैव अपने आसपास के वातावरण से परम शांति पाई है। यह शांति मुझे परमेश्वर की शांति प्रतीत होती है। जब आप शांत होकर आँखें मूँदकर बैठ जाते हैं तो परमात्मा आपके अस्तित्व से आपका परिचय करा देते हैं।
- हम मनुष्य क्यों हैं और क्या हमारे कर्तव्य हैं, इस पर मैंने बहुत मनन किया, लेकिन एक बात शायद किसी ने न सोची हो कि यह सब किसकी कृपा है। इस पर जिसने मनन किया है, वही मनुष्य है।
- सभी के लिए हमारे मन में करुणा और दया होनी चाहिए। इस तरह हम अपना जीवन धन्य बनाते हैं।
- जब मृत्यु शाश्वत है तो मनुष्य हाय-तौबा क्यों मचाता है? शायद अपनी कीर्ति को अक्षय रखने के लिए। जीवन के लिए संघर्ष करना ही पड़ता है, इसलिए जीवन में जितनी पवित्रता होगी, उसका फल भी उतना ही स्थायी होगा।
- बड़ी-बड़ी योजनाओं की अपेक्षा छोटी-छोटी योजनाओं पर काम

किया जाए तो ज्यादा लाभ अर्जित किया जा सकता है। शायद इसीलिए मैं कविताएँ लिखता हूँ, बड़े-बड़े ग्रंथ नहीं।

- मेरा अपना विचार है कि प्रत्येक रचनाकार अपनी रचना में जीवन के अनुभूत सत्य ही उजागर करता है, इसलिए प्रत्येक रचनाकार की कृति को बड़ी रुचि से पढ़ना चाहिए।
- गुलामी दो तरह की होती है—एक तो बाहरी और दूसरी भीतरी। बाहरी गुलामी से छुटकारा पाना संभव है, लेकिन भीतरी गुलामी से छुटकारा पाना असंभव है।
- क्या केवल आदमी का बाहरी रूप ही सबकुछ होता है। आदमी के भीतर एक और भी आदमी रहता है।
- जीवन तो सागर के समान है और इस सागर में जब हमारी जीवन रूपी नौका डगमगाती है तो हम घबरा जाते हैं। ऐसे में प्रभु ही हमारे सहायक होते हैं।
- मैंने कविता के बारे में बहुत ज्यादा सोचा है कि आखिर वह क्या है। मेरे विचार में जब अंतःकरण गुनगुनाने लगता है तो शब्द स्वयं ही प्रस्फुटित हो उठते हैं।
- सभी मनुष्य एक से हैं और सबका एक ही लक्ष्य है कि मानव निष्कलंक, कलुषताहीन हो। मनुष्य, मनुष्य को प्यार करे—यही सर्वत्र मैंने पाया है, इसीलिए मैं मानवता के गीत गाता हूँ।
- तुम अपने जीवन पथ पर अकेले चलो। अपने मार्ग को देखो, पहचानो और आगे बढ़ते जाओ। इसकी चिंता न करो कि दुनिया तुम्हें क्या कहती है।
- आषाढ़ और सावन का मास मनुष्य के लिए प्रकृति का श्रेष्ठतम वरदान है। इसका प्रत्येक मनुष्य को प्रसन्नतापूर्वक अभिनंदन करना चाहिए।
- एक बात मैंने जरूर देखी कि मनुष्य बाहरी आडंबर बहुत करता है। ईश्वर की आराधना में भी उसने बाहरी आडंबर को ही अपना रखा

है। जाने कितना और आडंबर हम फैलाएँगे!

- जब भी मैं नीलगगन को देखता था तो मुझे ऐसा लगता था कि आकाश में परियों का मेला लगा है। घंटों मैं नीलाकाश को निहारा करता। शायद इसीलिए मैं कवि बन गया, लेकिन मेरी कविता तो प्रभु को समर्पित है।
- बार-बार उद्देश्य परिवर्तन मनुष्य को खोखला कर देता है। मेरे कहने का आशय यह है कि सदैव एक ही पथ पर चलो। वही पथ तुम्हें सब कुछ देगा।
- हर व्यक्ति के जीवन में संध्या आती है, इसलिए मृत्यु का प्यार से आलिंगन करो।
- सादा जीवन उच्च विचार। यही मानव जीवन की सफलता का राज है।
- जीवन में आनेवाली चुनौतियों से घबराओ नहीं। सब कुछ परमात्मा पर छोड़ दो। मेरा तो ऐसा ही मानना है।
- लोग क्या कहते हैं, इसकी चिंता कभी नहीं करनी चाहिए।
- निरंतर कार्य में जुटा व्यक्ति कभी दुःखी नहीं रहता।
- जीवन एक ताशरूपी महल है। जरा सी हवा लगी कि ढह पड़ा। इसके बावजूद जीवन हमें प्यारा लगता है। सब कुछ अपना मालूम पड़ता है। इसे ही मायाजाल कहा गया। मैंने भी इसे अनुभव किया है, इसलिए इस ओर से मैं सतर्क रहता हूँ।
- अपने जीवन की डोर प्रभु के कर कमलों के हवाले कर दो, फिर देखोगे कि तुम्हारा प्रत्येक कार्य स्वयं ही बनने लगेगा।
- जो करना है, अभी कर डालो। क्या पता कब जिंदगी की शाम हो जाए, क्योंकि मौत कभी भी आ धमक सकती है।
- सुख और दुःख जीवन रूपी गाड़ी के दो पहिए हैं। इसको हाँकता हुआ मन रूपी सारथी संसार में विचरण करता है। सुख में अहंकार और दुख में रोना तो मानव जीवन का अपना ही दोष है। मेरे विचार

में मनुष्य जीवन में समरसता से ही सच्चा सुख प्राप्त कर सकता है।

- मनुष्य जब जीवन रूपी पथ पर अग्रसर होता है तो समझता है कि वह सब कुछ सहजता से पा लेगा, लेकिन उसे वह मृगतृष्णा के समान प्रतीत होने लगता है और वह जीवन के सुखों से वंचित हो जाता है। अपनी पराजय को क्या वह सच्चे मन से स्वीकार कर पाया है?
- जीवन तो काली बदली के समान है कि बरसे या न बरसे या कोई हवा का झोंका ही उड़ा ले जाए।
- जीवन-पथ तो काँटों से भरा है। इस पर साहस व धैर्य के बिना सफलता नहीं मिलती।
- जीवन में काम के भार से घबराना मनुष्य की कोरी मूर्खता है।
- माता के समान कोई नहीं हो सकता। आज मैं जो कुछ हूँ, अपनी माता की वजह से हूँ। मैं जो भी रच सका, उसमें माँ का स्वर ही परिलक्षित होता है। मेरी रचनाओं में उनका ही हास-विलास और रुदन है। यही मेरे जीवन का वास्तविक सत्य है।
- जीवन रूपी कठिन यात्रा को मानव को हँसते हुए पार करना चाहिए।
- प्रेम तो अलौकिक होता है, यदि यह मन से उपजा हो। आँखों से उपजे प्रेम में वासना निहित होती है।

□

गीतांजलि के कुछ चुने हुए गीत

(एक)

लो उतार तुम, लो उतार निज पदतल पर मुझको।
विगलित कर मन जीवन को दो डुबो नयन जल में॥
मैं एकाकी अहंकार के उच्च शिखर पर हूँ,
मिला धूल में दो भंग कर इस प्रस्तर आसन को।
लो उतार तुम, लो उतार निज पदतल पर मुझको॥

गर्व करूँगा क्या लेकर मैं नश्वर जीवन में?
बना हुआ हूँ शून्य तुम्हारे बिना भरे घर में।
मेरा दैनिक कर्म अतल में डूब गया जब है,
मेरी संध्या-पूजा निष्फल चली नहीं जाए।
लो उतार तुम, लो उतार निज पदतल पर मुझको॥

(दो)

आ बैठी थी वह तो मेरे पास, न तब मैं जागा।
क्या जाने वह कैसी थी हतभागिनी नींद मेरी॥
आई थी वह नीरव निशि में,
वीणा थी उसके हाथों में,

बजा गई थी वह सपने में एक गंभीर रागिनी।

जागा जब, देखा तब मैंने मलय-पवन करता पागल।
अंधकार को चीर रहा है अपनी सुरभि बिखेरे॥

क्यों मेरी निशि यों ही जाती?
या समीप न पाता उसे मैं।
क्यों उसकी माला की छुवन,
लगती नहीं हृदय में है॥

(तीन)

तुम्हें ऊपरी मन से अपने गायन से।
रहा ढूँढ़ता मैं चिर दिन इस जीवन में॥
द्वार-द्वार घर-घर गायन ले गया मुझे।
गाता फिरता हाथ फेरता मैं भव में॥
कितनी ही सीख सिखाई उसने,
कितनी ही गोपन राह दिखाई,
करवा दी पहचान कि कितने—
तारे हैं हृदय-गगन में॥

इस विचित्र सुख-दुःख के जग में,
भ्रमण कराए रहस्य लोक में।
संध्या समय लिए आया है,
मुझको वह कौन भवन में॥

(चार)

सीमा बीच असीम! छेड़ते हो तुम अपना सुर।
है प्रकाश तब मुझमें, तब ही तो इतना सुमधुर॥
कितने ही वर्षों में, गंधों में
कितने ही गानों में, छंदों में
हे अरूप! तुम रूप-केलि में जागे अंतःपुर।
है शोभा तब मुझमें, तब ही तो इतना सुमधुर॥

मिलन तुम्हारा-मेरा हो तो सब कुछ खुल जाए।
ज्वार उभारे विश्व समाधि तब रह-रहकर लहराए॥

तब प्रकाश में तनिक न छाया
मुझमें पाता है वह काया
हो उठता मम अश्रुकणों में वह अतिशय सुंदर।
है शोभा तब मुझमें, तब ही तो इतना सुमधुर॥

(पाँच)

निभृत प्राण के देवता, जहाँ अकेले जागते,
भक्त, खोल दो द्वार करूँगा दर्शन मैं उनके!

दिन भर बाहर-बाहर ही
किसे ढूँढ़ते फिरते हो?
सांध्यकाल की आरती करना हमें नहीं आया।

तब जीवन आलोक से जला दीपक जीवन का।
आज पुजारी! निभृत क्षण में सजा लूँ अपनी थाल॥
जहाँ निखिल की साधना
करे पुजाया की रचना
वहाँ धरूँगा मैं भी अपनी ज्योति रेखा॥

(छह)

बैठा हूँ मैं, ताकि प्रेम के हाथों पकड़ा जाऊँ।
देरी हुई बहुत, मैं दोषी हूँ उनके दोषों से॥

विधि-विधान की रज्जु बाँधने आती, मैं हट जाता,
उस पर जो भी दंड मिले, मैं ग्रहण समुद्र कर लूँगा।
बैठा हूँ मैं, ताकि प्रेम के हाथों पकड़ा जाऊँ॥

लोग किया करते जो मेरी निंदा, झूठ नहीं है,
शिरोधार्य कर उन सबको मैं रहूँ सभी से नीचे॥
शेष हुई अब बेला, मेला रहा न क्रय-विक्रय का,
आए थे जो मुझे बुलाने वे सरोष अब लौटे॥
बैठा हूँ मैं, ताकि प्रेम के हाथों पकड़ा जाऊँ॥

(सात)

नदी पार का यह आषाढ़ प्रभात काल।
भर लो, हे मन मोरे! अपने प्राणों में॥
हरित नील स्वर्णाभा में मिल,
सुधा-सिक्त कर डाला जिसने।
जगा दिया नभ में गंभीर रव,
अपना लो मन मेरे! उसको प्राणों में॥

करते हुए भ्रमण प्रभात में पथ पर यों,
दोनों ओर खिले सुमनों को सब बटोर लो।
उन सबको निज चेतनता से,
निशि-दिन लेना गूँथ हार में।
मान्य समझकर निज प्रतिदिन को,
अपना लो, मन मेरे! अपने प्राणों में॥

(आठ)

जननि! तुम्हारे करुण चरण मैंने,
निरखे आज अरुण किरणों में।
जननि! तुम्हारी मरण-हरण वाणी,
तिरती चुपके नीरव नभ में॥

नमन करूँ मैं तुमको भव में,
नमन करूँ तुमको कर्मों में।
तन-मन-धन सब अर्पित आज करूँ,
भक्तिपूत तव पूजन-धूपों में॥
जननि! तुम्हारे करुण चरण मैंने,
निरखे आज अरुण किरणों में॥

(नौ)

अब न अकेला इस प्रकार मैं विचरूँगा।
मन के मोह-सदन के कोने-कोने में॥

तुम्हें अकेला बाँधे भुज-बंधन में,
छोटा करके तुम्हें घेर लेने में।
अपने को मैं बाँध लिया करता हूँ,
अपनी ही रज्जु में॥

गाऊँगा जब निखिल भुवन के बीच तुम्हें,
तभी हृदय में हृदय राज को गाऊँगा।
मन मेरा यह एक वृत्त है केवल,
इसके ऊपर विश्व कमल और उस पर॥
पूर्ण प्रकाश प्रसारित मुझे दिखाओ।
हे प्रभो ! इस जीवन में॥

□

महत्त्वपूर्ण घटनाएँ एवं तिथियाँ

पूरा नाम	:	रवींद्रनाथ टैगोर
जिस नाम़ से लोकप्रिय हुए	:	गुरुदेव
जन्म-तिथि	:	7 मई, 1861
जन्म-स्थान	:	कलकत्ता (कोलकाता)
पिता	:	देवेंद्रनाथ टैगोर
माता	:	शारदा देवी
प्राथमिक शिक्षा	:	नॉर्मल स्कूल ओरिएंटल सेमिनार स्कूल और बंगाल अकादमी द्वारा संचालित ऐंग्लो-इंडियन स्कूल।
उच्च शिक्षा	:	इंग्लैंड गए मगर अध्ययन पूर्ण किए बिना स्वदेश लौट आए।
विवाह	:	9 दिसंबर,1883 को मृणालिनी देवी के साथ।
संतान	:	पाँच संतानें—दो पुत्र : रथींद्रनाथ एवं शमींद्रनाथ तीन पुत्रियाँ : माधुरीलता, रेणुका एवं मीरा देवी।
1873	:	अपने पिता के साथ हिमालय का भ्रमण किया। पहली बार शांति-निकेतन गए।

1875	:	माता का स्वर्गवास।
1876	:	पहली कविता 'वनफूल' बाँगला पत्रिका 'जनांकुर' में प्रकाशित।
1884	:	भाभी कादंबरी देवी ने आत्महत्या की। कादंबरी देवी उनके लिए प्रेरणा का स्रोत थी।
1901	:	चार शिष्यों के साथ शांति-निकेतन में बोलापुर ब्रहाचर्य-आश्रम की आधारशिला रखी।
1902	:	पत्नी मृणालिनी देवी का देहांत।
1905	:	पिता देवेंद्रनाथ का स्वर्गवास।
1910	:	बाँगला में 'गीतांजलि' का प्रकाशन।
1912	:	अंग्रेजी में 'गीतांजलि' का प्रकाशन।
1913	:	साहित्य के लिए नोबेल पुरस्कार से सम्मानित हुए।
1928	:	चित्रकला में रुचि। चित्र बनाने में जुट गए।
1941	:	देहावसान।

□

संदर्भ ग्रंथ

1.	रवींद्र रचनावली	:	15 खंड
2.	रवींद्र जीवनी	:	4 खंड : प्रभात कुमार मुखोपाध्याय
3.	लाइफ ऑफ टैगोर	:	प्रभात कुमार मुखर्जी
4.	रवींद्रनाथ टैगोर	:	ए बायोग्राफी : कृष्णा कृपलानी
5.	रवींद्रनाथ टैगोर	:	मर्जरी साइक्स
6.	कलेक्टेड पोएम्स ऐंड प्लेज	:	रवींद्रनाथ टैगोर
7.	ए टैगोर रीडर	:	अमिय चक्रवर्ती
8.	टैगोर फॉर यू	:	शिशिर कुमार घोष
9.	रवींद्रनाथ	:	अजीत कुमार चक्रवर्ती
10.	रवींद्रनाथ	:	नलिनी कांत गुप्ता
11.	रवींद्रनाथ टैगोर	:	पोएट ऐंड ड्रामाटिस्ट : एडवर्ड थांपसन
12.	एन इंट्रोडक्शन टू रवींद्रनाथ टैगोर	:	पी. एस. नरवाने

□□□